Natur erleben

Watt – Lebensraum zwischen Land und Meer

Unseren Kindern gewidmet

Natur erleben

Herbert Zucchi · Hans-H. Bergmann
Klaus Hinrichs · Martin Stock

Watt

Lebensraum zwischen Land und Meer

Otto Maier Ravensburg

Die Autoren:

Dr. Herbert Zucchi, Jahrgang 1950, Diplombiologe, Akademischer Rat am Fachbereich Biologie/Chemie der Universität Osnabrück, Lehrbeauftragter für Ökologie an der Fachhochschule Osnabrück. Arbeitsgebiete: Tierökologie, Zoologie, Naturschutz, Biologiedidaktik. Langjähriger Mitarbeiter in Naturschutzorganisationen, Verfasser zahlreicher Zeitschriftenbeiträge und verschiedener Bücher.

Prof. Dr. Hans-Heiner Bergmann, Jahrgang 1939, lehrt Zoologie am Fachbereich Biologie/Chemie der Universität Osnabrück. Arbeitsgebiete: Ornithologie, Ethologie, Bioakustik der Vögel, Biologiedidaktik. Zahlreiche Zeitschriftenbeiträge, einige Buchpublikationen, darunter „Die Biologie des Vogels".

Klaus Hinrichs, Jahrgang 1934, Akademischer Oberrat am Fachbereich Biologie/Chemie der Universität Osnabrück. Arbeitsgebiete: Ethologie und Didaktik der Biologie. Zeitschriftenbeiträge.

Martin Stock, Jahrgang 1957, Diplomingenieur und Diplombiologe, Arbeitsgebiete: Ornithologie, Entomologie und Wattenmeerökologie. Mitarbeiter in verschiedenen Naturschutzorganisationen und Planungsbüros. Tätig in der Erwachsenenbildung.

Seite 2:
Wo das Wattenmeer noch natürlich geblieben ist, finden sich im Übergangsbereich von der Gezeitenzone zu den Salzwiesen innige Verzahnungen zwischen Land und Meer. Dort gedeihen ausgedehnte Quellerbestände.

CIP-Titelaufnahme der Deutschen Bibliothek

Watt: Lebensraum zwischen Land und Meer/ Herbert Zucchi
... – Ravensburg: Maier, 1989
(Natur erleben)
ISBN 3-473-46089-3
NE: Zucchi, Herbert [Mitverf.]

Umschlaggestaltung: Ekkehard Drechsel
Umschlagfotos: Martin Stock (vorne), Herbert Zucchi (hinten)
Zeichnungen: Fred Butzke (Bild-Kunst Nr. 30 73 78)
Satz: Fotosatz Ruderer, Grünkraut
Gesamtherstellung: Himmer, Augsburg
Printed in Germany

93 92 91 90 89 5 4 3 2 1

ISBN 3-473-46089-3

Inhalt

Vorwort 7

Vom Deich zur Düne: Die Zonen des Wattenmeers 9
Weg durch das Watt 9
Ebbe und Flut 13
Schlick und Sand 15
Zonierung überall 18

Naturgeschichte einer einmaligen Landschaft 19
Als die Nordsee noch trocken war 19
Strandwall, Dünen, Inseln 20
Die große Mannstränke 22
Bedingungen für das Wattenmeer 23

Spuren des Lebens:
Organismen in und auf dem Wattboden 25
Nahrungsbasis Kieselalgen 25
Weidegänger im Watt 26
Ein Winzling unter den Krebsen 28
Kothäufchen aus Sand 29
Die Vielfalt der Borstenwürmer 31
Beinahe ausgestorben: das Seegras 34

Vom Seihen, Stochern und Trampeln: Vögel im Watt 35
Möwen – überall präsent 38
Arktische Gäste – Watvögel 39
Fast immer zu zweit – Brandenten 43
Sturztaucher am Priel 43
Spurensicherung im Watt 44

Lebensader Priel 45
Rückzugsgebiete bei Ebbe 46
Tiere, die wie Pflanzen aussehen 46
Seepocken stehen Kopf 48
Frische Porren, frische Porren! 48
Fische im Priel 49

Muscheln und nochmals Muscheln 53
Auf Erkundungstour 53
Fressen und gefressen werden 57
An der Miesmuschelbank 58
Auf der Spur der Pfeffermuschel 61

Kommt ohne Salz nicht aus: die Salzwiese 63
Salzwiese oder Salzweide? 63
Warum der Queller Queller heißt 68
Ringelgänse als Weidegänger 70

Kleintiere – Spezialisten der Salzwiesen 73
Auf Käfersuche im Quellerwatt 74
Bewohner der Buckelwiesen: Ameisen 78

Tag und Nacht aktiv: Brutvögel der Salzwiesen und Dünen 81
Trillern statt kämpfen: der Austernfischer 81
Ein Nest ist überall 82
Gefahr durch Wetter, Feinde und Störungen 84
Silbermöwen: stark und elegant 85
Brütet in der Unterwelt: die Brandente 88

Die Dünen und ihre Besiedler 90

Quallen, Tang und Schill: Faszination des Spülsaumes 96
Von weither angespült: Tange 97
Nesselnde Quallen 98
Eiballen wie Pergament 98
Stachelhäuter des Meeres 100
Fische ohne Knochen: Rochen 100

Seehunde – bald nur noch im Zoo? 102
Dolce vita auf der Sandbank 102
Heuler – echt oder unecht? 107

Deiche, Öl, Giftstoffe: Das Watt droht zu sterben 109
Von der Vielfalt der Schadeinflüsse 109
Müllkippe Nordsee 110
Löcher ohne Sauerstoff 111
Todbringendes Quecksilber 112
Der Weg in die Muttermilch 113
Der Öltod ist grausam 114
Eindeichung heißt Vernichtung 116

Nationalpark Wattenmeer – garantierter Schutz? 117
Ein Wattenmeer – zwei Nationalparks 117
Der Nationalpark in Schleswig-Holstein 122
Der Nationalpark in Niedersachsen 123
Defizite – Perspektiven 124

Anschriften, Bildnachweis 126
Literatur 127
Register 128

Vorwort

Mitteleuropa stellt heute eine vom Menschen stark überformte Kulturlandschaft dar. Nur in den Alpen und an der Nordsee finden sich noch Landschaften, die ihren ursprünglichen Charakter bewahren konnten. Dazu gehört das Wattenmeer, das sich an der Nordseeküste zwischen Den Helder im Südwesten und Esbjerg im Nordosten erstreckt. Wer einmal seine Faszination erlebt hat, wird immer wieder zurückkommen! Am Rande der Salzwiese zu sitzen und in die weiten Flächen der Gezeitenzone zu schauen, gehört zum schönsten Naturerlebnis überhaupt. Das Spiegeln der Schlickflächen, die Stimmen Tausender von Seevögeln und der intensive Geruch von Boden und Meerwasser lassen den Besucher in eine Welt eintauchen, die alle Sinne anspricht und den grauen Alltag vergessen läßt.

Aber der Druck, der auf dieser Naturlandschaft lastet, droht sie zu vernichten. Die permanente Einleitung ungeheurer Schadstoffmengen, Industrieansiedlungen, Ölbohrungen, Eindeichungen, Herzmuschelfischerei und nicht zuletzt der Massentourismus mit all seinen Erscheinungen lassen den Zeitpunkt immer näherrücken, an dem das Wattenmeer einem Kollaps unterliegt. Die im Sommer 1988 aufgetretenen Massenentwicklungen von Algen in der Nordsee sowie der qualvolle Tod eines großen Teils der im Wattenmeer lebenden Seehunde sprechen eine deutliche Sprache. Neben der systematischen Zerstörung der Alpenlandschaften, dem leisen Sterben unserer Wälder, der Verschmutzung und Verbauung von Bächen und Flüssen, der Entwässerung von Feuchtgebieten und der großflächigen Ausräumung der heimischen Flur ist auch die Nordsee zum Todeskandidaten geworden. Darüber können internationale Konferenzen nicht hinwegtäuschen, auf denen zwar vieles diskutiert und manches beschlossen wird, die aber wirklich konsequente und vor allem schnelle Schritte bisher vermissen lassen.

Vor vielen Jahren wurden von Naturschutzorganisationen und engagierten Einzelpersonen schon düstere Bilder gezeichnet, die jetzt mehr und mehr Wirklichkeit werden. Es scheint, als müßten immer zuerst Katastrophen passieren, bevor die politisch Verantwortlichen sich zu bewegen begin-

nen. Und selbst dann tun sie es nur zögerlich und oft nur unter dem massiven Druck der Öffentlichkeit. Dabei hätte unsere Gesellschaft die Kenntnis, die technischen Möglichkeiten und die finanzielle Basis, um der Nordsee schnelle Hilfe zukommen zu lassen.
Jährlich besuchen Tausende von Menschen die Küste, um sich dort von den Belastungen des Alltags zu erholen. So widersprüchlich es klingt: Sie tragen vielfach zum Artensterben und zur Zerstörung der Landschaften bei, die sie so dringend zur eigenen Regeneration benötigen. Dabei könnte sich ein gelenkter, maßvoller Tourismus, zu dem auch die Rücksichtnahme und der behutsame Umgang mit der Natur eines jeden einzelnen von uns gehören, durchaus mit der Umwelt vertragen. Um diese Ziele zu erreichen, sind bei den Menschen an der Küste Kenntnisse über Prozesse und Zusammenhänge in der Landschaft nötig. Dabei soll dieses Buch eine Hilfe geben.
Wer allerdings nur daheim im Zimmer ein Verständnis von der Natur des Wattenmeeres gewinnen will, lege es schnell wieder aus der Hand. Dem allein öffnen die nachfolgenden Seiten die wundersame Welt von Meer und Strand, der hinausgeht und mit allen Sinnen erleben und entdecken will. Durch rücksichtsvolles Verhalten kann dabei jeder zum Schutze der Natur beitragen. In der Philosophie des antiken Griechenlands taucht bereits der Gedanke vom Meer als der Geburtsstätte des Lebens auf. Ob es eine immerwährende Geburtsstätte von Leben bleibt, liegt letztlich in unserer Hand. Wir dürfen keine Zeit mehr verlieren!
Folgenden Freunden und Bekannten danken wir für die Bereitstellung von Fotos: S. Klaus (Jena), L. Koch (Spiekeroog), H.-J. Künne (Osnabrück), P. Prokosch (Husum) und E. Voß (Emden).

Die Autoren

Seite 9:
Das eigentliche Watt ist der täglich zweimal vom Meerwasser überspülte und wieder trockenfallende Küstenraum zwischen dem Vordeichsland und den Salzwiesen der Inseln. Zum Wattenmeer als übergeordneter Einheit gehören auch die Salzwiesen und die Dünen der Inseln. Das Watt erstreckt sich über eine Länge von etwa 450 km von der holländischen Stadt Den Helder im Westen bis zum dänischen Esbjerg im Norden.

Vom Deich zur Düne: Die Zonen des Wattenmeers

Weg durch das Watt

Heute ist Wattwanderung. Wir treffen uns unten am Hafen, um zur Insel hinüberzugehen. Doch vorweg eine kleine Warnung!

Warnung vor dem Wattenmeer? Lächelnd liegt es da im vollen Glanz der Sonne. Eine leichte sommerliche Brise weht. Das gekräuselte Wasser in den kleinen Lachen zwischen den Rippelmarken wärmt sich zur Badewannentemperatur auf. Was soll daran gefährlich sein? Und dennoch: Wie rasch kann plötzlich Seenebel auch an einem Sommertag aufziehen und uns die Sinne verwirren, so daß wir nicht mehr aus noch ein wissen.

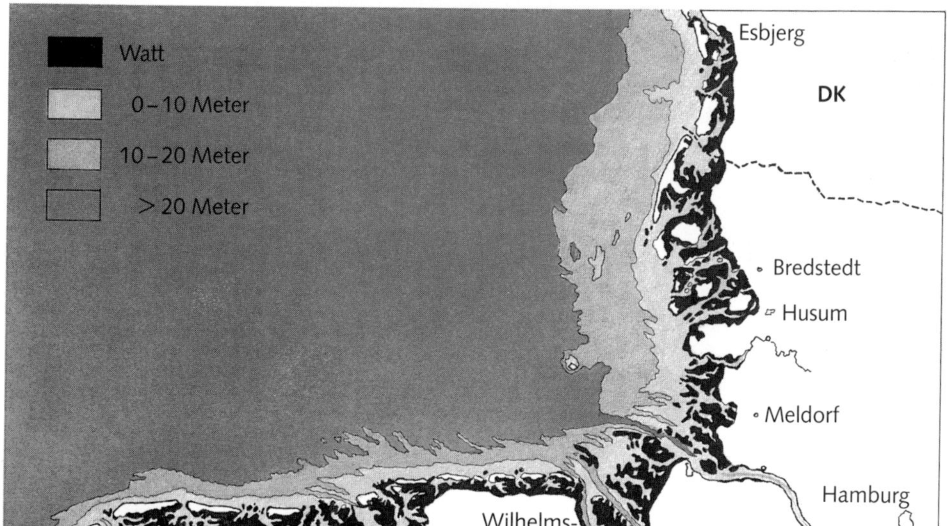

Mond, Wind und Wetter sorgen dafür, daß das auflaufende Wasser rascher und stärker als erwartet zurückkommt. Der eben noch plätschernde Priel wird zum reißenden Strom, den man nicht mehr durchwaten kann. Wie leicht gerät man in tiefen, klebrigen Schlick, der einen saugend festhält. Es gibt genug Gefahren im Wattenmeer. Die größte geht vom Wasser aus, das oft unberechenbar ist. Man gebe sich also nicht dem sorglosen Spiel hin. „Wer keine Angst im Watt hat, der überlebt nicht lange", sagen die Einheimischen.

Die Ausrüstung

Doch vorerst geht es um unsere Ausrüstung. Barfuß oder Gummistiefel? An einem warmen Sommertag kann man getrost barfuß gehen. Turnschuhe schützen empfindliche Fußsohlen. Ist es kühler, sind Stiefel angebracht. Doch sollte man immer auch einen winddichten Anorak und einen Pullover dabeihaben. Es kann sehr plötzlich kalt werden. Sonnenschutz ist andererseits nötig, auch wenn man durch den leichten Seewind wenig von der starken Strahlung spürt.
Wir haben den Hafen passiert und bewegen uns außerhalb des Deichs noch auf festem, bewachsenem Grund. Dieses

Zonierung im Küstenraum. Das Wattenmeer ist der Raum zwischen Dünen und Deich. Unter der Einwirkung von Meer und Wind bilden sich in allen Lebensräumen Zonen aus.

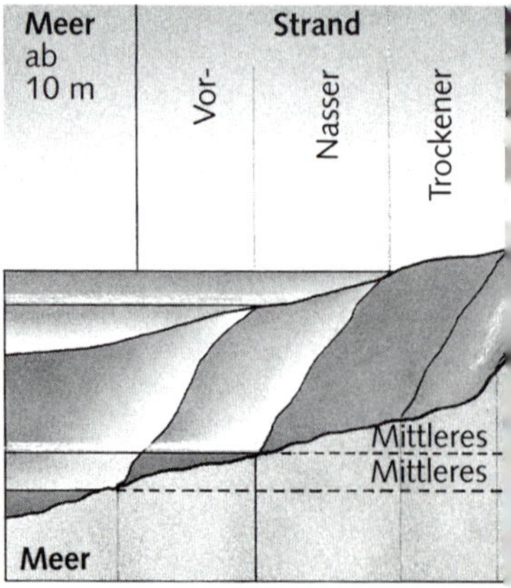

Links:
Auf dem Weg zum Watt. Jetzt, bei Niedrigwasser, liegt der Priel trocken, der sich durch das grüne Vordeichsland, den Heller, zieht. Bei auflaufender Flut füllt er sich mit salzigem Meerwasser. Im Kleinen bildet sich hier die Zonierung der Pflanzenwelt ab, von der Quellerzone am Grunde des Priels bis zur oberen Salzwiese auf beiden Seiten. Hier wächst in dichten Beständen die graublättrige Portulak-Keilmelde, ein Gänsefußgewächs.

grüne und mit bunten Blüten geschmückte Land vor dem Deich nennen wir Heller, Groden, Vordeichsland oder Salzwiesen. Das sachte Gefälle zum offenen Watt hinunter bemerken wir kaum. Für uns scheint die Landschaft vollständig eben zu sein. Wir bewegen uns in einer der größten, vom Menschen bisher noch wenig deformierten Naturlandschaften Europas. Von dem niederländischen Den Helder im Westen bis zum dänischen Esbjerg im Norden umrundet das Wattenmeer die Deutsche Bucht auf einer Länge von 220 km und in einer Breite von 7 bis 10, maximal 25 km. Das macht eine Fläche von mindestens 3 400 km^2. Obwohl wir noch festen Boden unter den Füßen haben, der nicht täglich vom Wasser überspült wird, gehören auch die Salzwiesen schon zum Wattenmeer. Es erstreckt sich vom Fuß des Außendeichs über den Heller hin, bezieht dann in der Hauptsache die sogenannten Rückseitenwatten zwischen Festland und Inseln ein und reicht noch bis zu den Dünen der Inselkette. Nur die offene, vollständig zum Anprall der Nordseewellen preisgegebene Sandküste vor der Insel gehört nicht mehr zum Wattenmeer. Zur besseren Verständigung: Wir nennen das ganze Gebiet Wattenmeer, die offenen schlickigen oder sandigen Flächen aber Watt, in der Mehrzahl Watten.

Heller
Bereich der Salzwiesen an der Festlandsküste und auf den Inseln, Teil des Wattenmeers. Je nach Region auch als Groden, Außengroden oder Vordeichsland bezeichnet.

Heute wollen wir uns nicht lange im Vorland aufhalten. Unser markierter Wanderweg führt uns an die Grenze des bewachsenen Hellers, wo die grüne blühende Vegetation mit einem Saum von Quellerpflanzen, den Pionieren des Watts, ihr Ende findet. Jetzt erreichen wir den regelmäßig vom Wasser überspülten Bereich, den amphibischen Lebensraum zwischen Land und Meer. Fritz Geßner, einer der Altmeister der

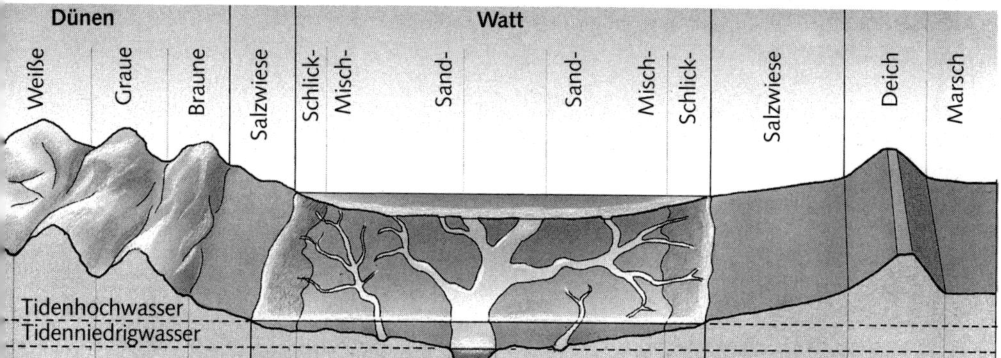

Nur bei ablaufendem Wasser darf man unter kundiger Führung ins offene Watt hinauswandern; an warmen Tagen des Sommers und Frühherbstes ein herrliches, erfrischendes Vergnügen, für den an der Natur Interessierten ein Spaziergang voller Überraschungen und Entdeckungen.

Meeresbiologie, hat ihn in seinem schönen Buch „Meer und Strand" so beschrieben:
„Fast leblos liegt das weite Watt vor uns, von dem jetzt, zur Ebbezeit, das Wasser gewichen ist. Da wird vielleicht in manchem die Frage lebendig, ob das Leben in diesem weiten Raum seine Kraft verloren habe; ob wirklich hier der ewige Wechsel der Gezeiten eine Zone des Todes mit Erfolg vor dem eindringenden Leben verteidigt. Bald gibt uns das Watt selbst eine leise Antwort, die wir vernehmen, wenn der Wind schweigt: Vom Meeresboden erhebt sich ein feines prickelndes Geräusch, ‚des Meeres gärender Ton' (Storm), als die Stimme des Lebens im Watt. Sie verrät uns, daß, verborgen im Schlamm oder Sand, millionenfaches Leben pulst."
Das offen vor uns liegende Watt, das ist die eigentliche Gezeitenzone, in der Sprache der Wissenschaft das Eulitoral. Die Salzwiesen sind dem Einfluß des Meeres weniger regelmäßig ausgesetzt, werden aber bei den Sturmfluten mit überspült. Sie sind der Spritzwasserzone an den Felsküsten vergleichbar und rechnen zum Supralitoral. Nur anfangs fließt das Wasser gleichmäßig von den Flächen ab, dann aber entstehen kleine Rinnsale, die das restliche Wasser zu den Prielen bringen. Diese führen es oft in reißendem Strom zu den Tiefs oder Seegats, breiten und tiefen Wasserläufen zwischen Festland und Inseln und zwischen den Inseln selbst. Durch diese Wasserläufe wird aus dem unmerklich flach abfallenden Watt ein vielgestaltiges Relief. Den Teil des Wattenmeers, der stets vom Wasser bedeckt ist, nennen die Wissenschaftler das Sublitoral. Er kann im Wattenmeer eine Tiefe bis zu 10 m erreichen.

Litoral
Biologisch-geographischer Begriff für die Küste als Lebensraum von Tieren, Pflanzen und Mikroorganismen. Teilt sich auf in Supralitoral oder Spritzwasserzone (wird nur gelegentlich überspült), Eulitoral oder Gezeitenzone (wird täglich zweimal überspült) und Sublitoral (ständig unter Wasser stehende Zone).

Ebbe und Flut

Wir gehen nun in das Watt hinaus und folgen dem ablaufenden Wasser, der Ebbe. Läuft es wieder auf, nennen wir diesen Vorgang Flut.
Viele Menschen sprechen dann von Ebbe, wenn das sichtbare Watt frei von Wasser ist, von Flut, wenn es wasserbedeckt ist. Das ist eigentlich falsch. Sieht man das Wasser nicht, so kann es sehr wohl schon von ferne her auflaufen, d. h. es herrscht Flut. Wir nennen den Zustand, wenn die größte Fläche des Watts freiliegt, Niedrigwasser; ist das Watt ganz vom Wasser bedeckt, sprechen wir von Hochwasser. Die Ebbe führt also zum Niedrigwasser, die Flut zum Hochwasser.
Folgen wir dem ablaufenden Wasser 2 bis 3 Stunden nach Hochwasser in das Watt hinaus, so geben wir uns leicht der Täuschung hin, wir hätten sehr viel Zeit. Wie lang ist eigentlich so ein Tidenzyklus? Es gibt 2mal Hochwasser jeden Tag und 2mal Niedrigwasser. Allerdings verschieben sich die Ereignisse gegenüber dem Sonnentag täglich um etwa 45 Minuten. Der Tidenzyklus dauert also knapp 12 1/2 Stunden. Wenn wir heute zur Insel hinüberwandern, müssen wir kurz vor Niedrigwasser die tiefste Stelle, das Seegat, passieren. 1 bis 2 Stunden später sollten wir schon die Insel erreicht haben. Für unsere Wanderung stehen uns also nicht viel mehr als 4 Stunden zur Verfügung.

Ebbe (ablaufendes Wasser) und Flut (auflaufendes Wasser) prägen das Wattenmeer. Hochwasser ist beim höchsten Wasserstand, Niedrigwasser beim niedrigsten Wasserstand erreicht. Springtiden sind mit extrem starkem, Nipptiden mit sehr schwachem Tidenhub verbunden. Unter Tidenhub verstehen wir den Niveauunterschied zwischen Hoch- und Niedrigwasser. Links sind die räumlichen Beziehungen dargestellt, rechts der etwas mehr als zwölfstündige Tidenzyklus im zeitlichen Ablauf.

Die Entstehung der Tiden

Jeder weiß, daß die Tiden etwas mit dem Mond zu tun haben. Der Mond, wie jeder Himmelskörper, übt auf Materie eine Anziehungskraft aus. Das bewegliche Wasser auf der Erdoberfläche wird „unter ihm" zu einem Wellenberg auf-

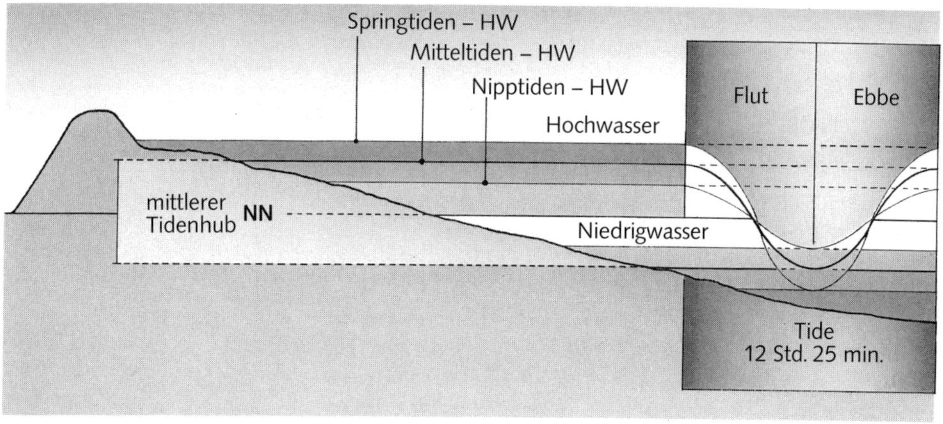

gehäuft, der allerdings im freien Ozean nur eine Höhe von einem halben Meter erreicht. In Buchten kommt es zum Stau, so daß hier der Tidenhub größer wird. In der Deutschen Bucht beträgt er durchschnittlich schon 2,4 m, im Jadebusen 3,6 m.
Durch die Drehung der Erde zieht der Mond täglich einmal über uns hin. Wieso entstehen dann aber zwei Tidenwellen? Dadurch, daß beide Himmelskörper mittels der Anziehungskraft aneinander gebunden sind, bilden sie ein Gespann, das gemeinschaftlich um einen bestimmten Drehpunkt rotiert. Dadurch entstehen zusätzlich auf der jeweils abgewandten Seite Fliehkräfte. Diese erzeugen auf der Erde die zweite, etwas geringer ausgebildete Tidenwelle.
Die gleichen Verhältnisse bestehen zwischen Erde und Sonne. Nur sind die Kräfte weniger stark, weil die Sonne weiter entfernt ist als der Mond und die auftretenden Differenzkräfte zwischen Anziehung und Fliehkraft gering sind. Die Sonnenwirkung erreicht mit 46 % nicht einmal die Hälfte der Mondwirkung. Wenn jedoch Mond und Sonne in einer Richtung stehen – bei Neumond oder bei Vollmond –, dann addieren sich ihre Wirkungen: Es kommt zu Springtiden. Die Springflut läuft besonders hoch auf, das entsprechende Niedrigwasser ist besonders niedrig. Stehen sie dagegen im rechten Winkel zueinander – bei Halbmond –, so heben sich ihre Wirkungen teilweise gegenseitig auf: Es entstehen Nipptiden. Das Wasser läuft bei Flut nicht besonders hoch auf, es zieht sich aber auch nicht besonders weit zurück; keine gute Gelegenheit, um das Tief zwischen Insel und Festland zu durchqueren. Jetzt wird schon deutlich, daß man eine Menge Wissen haben muß, um sich sicher im Watt zu bewegen.

Der Tidenfahrplan
Aus dem bisher Gesagten könnte man eigentlich vermuten, daß die Tidenwelle mit dem Mond, der im Osten aufgeht, von Ost nach West über die Nordsee hinlaufen müßte. Das Gegenteil ist der Fall. Wie das Wasser in einem Teller schwappt die Nordsee von Norden her gegen den Uhrzeigersinn um einen zentralen Drehpunkt, so daß die beiden täglichen Hochwasserwellen über die Kette der West- und Ostfriesischen Inseln von West nach Ost hinlaufen. Ist auf Texel ganz im Westen um 7 Uhr morgens Hochwasser, so erreicht es Hamburg erst um 12 Uhr. Die Welle braucht dann 3 weitere Stunden, um den Norden Dänemarks zu erreichen. Diese Verhältnisse führen sogar zu unterschiedlichen Tiden-

Seite 15:
Ebbe und Flut kommen durch das komplizierte Zusammenspiel von Himmelskörpern auf der Erde zustande. Die stärkste Wirkung geht vom Mond aus. Eine Flutwelle entsteht durch Anziehungskraft auf der mondzugewandten Seite der Erde, eine zweite durch Zentrifugalkraft auf der mondabgewandten. Steht die Sonne bei Neu- oder Vollmond in der gleichen Richtung, verstärkt sie die Mondwirkung (rechtes Bild). Bilden Mond und Sonne bei Halbmondphasen einen rechten Winkel zueinander, so schwächen sie sich gegenseitig ab. Es entstehen Nipptiden (linkes Bild).

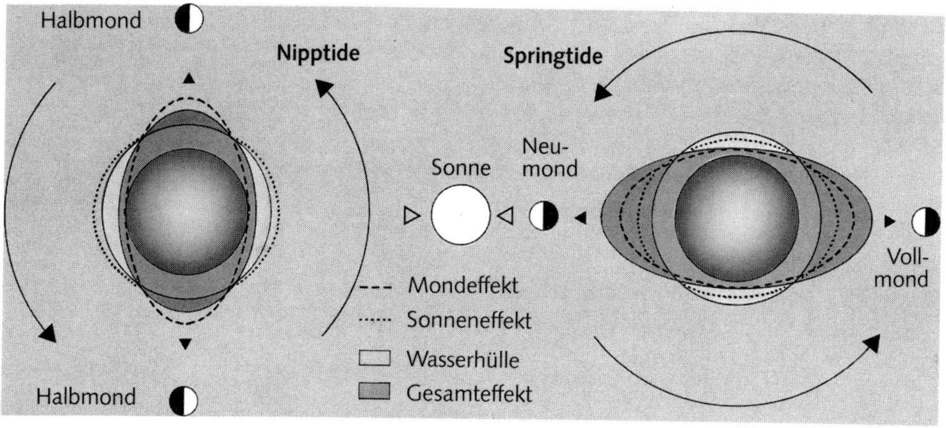

zeiten im Westen und Osten der einzelnen Inseln. Sie haben auch Konsequenzen für die Strömungsverhältnisse in den Seegats.

Sehr bedeutsam für den Ausfall der Wasserstände sind auch die Windverhältnisse. Ein starker Nordweststurm, kombiniert mit Springtiden, kann zu katastrophaler Sturmflut führen. Auch andere Faktoren wie z. B. der Luftdruck nehmen in geringerem Maße Einfluß auf den Tidenhub.

Schlick und Sand

Als wir vorhin den Heller verlassen haben und die höchstliegende Zone des Eulitorals, die Quellerzone, durchschritten, waren wir ganz froh, Gummistiefel angezogen zu haben. Ein weicher schmieriger Schlick bildete die glatte Oberfläche, tiefschwarz gefärbt, wenn man hineintrat. Und ein fauliger Geruch entströmte dem Boden, typisch für das Wattenmeer. Jetzt sind wir schon eine Weile auf festem, grobkörnigem Sandboden gegangen, der auf der Oberfläche leicht gewellt ist. Rippeln oder Rippelmarken nennt man diese durch Wasserströmung bedingten Strukturen der Sandoberfläche.

Das Watt ist ein Ablagerungsraum. Jede Überflutung bringt mineralische und organische Teilchen in großen Mengen heran, die sich je nach Korngröße, spezifischem Gewicht und relativer Oberfläche an verschiedenen Stellen absetzen. Die groberen Teile, nämlich Sand und feiner Schill, fallen zuerst auf den Untergrund, wenn das Wasser sich noch recht rasch bewegt. Sie kommen also an den Stellen zu liegen, die zuerst überflutet werden, den tiefsten Stellen im Watt. Je höher der Wattboden ist, desto feineres Material lagert sich dort ab.

Deswegen fanden wir am Hellerrand zwischen den Quellerpflanzen feinen Schlick. Auch auf den hohen Muschelbänken im Watt lagern sich diese feinen Bestandteile ab. So bildet das Watt eine grobe Zonierung aus: Vom Land her kommt zuerst Schlick-, dann Misch- und schließlich Sandwatt. Aber dieses Schema wird durch Muschelbänke, Seegraswiesen, durch lokale Strömungsverhältnisse und andere Faktoren so abgewandelt, daß oftmals ein unübersichtliches Mosaik entsteht.
Wenn wir uns bücken und eine Probe des Wattbodens zwischen den Fingern reiben, so fühlen sich die einzelnen Bodenarten ganz verschieden an: Sand besteht aus groben Körnern, Schluff und Silt schon aus sehr feinen, Ton aus den feinsten Partikeln. Im Schlickboden ist der Tonanteil am größten, der Sandanteil am geringsten. Im Mischwatt sind die Mengenverhältnisse zwischen feinkörnigen und grobkörnigen Anteilen eher ausgeglichen. Nur in den Seegats gibt es ganz grobe Sedimente, die man bei einer Korngröße über 2 mm Kies oder Schotter nennt.
Wenn das Watt ein sehr nahrungsreicher Lebensraum ist, kann es nicht nur aus Sand und Ton, nicht nur aus den mineralischen Sedimenten bestehen. Tatsächlich finden sich auch in großer Zahl organische Bestandteile, die sich beim Kentern von Flut und Ebbe absetzen, dann also, wenn das Wasser innehält, wenn die geringste Strömung besteht. Viele flokkenartig driftende organische Anteile werden auch durch Muscheln und andere Filtrierer dem Wasser entzogen und teilweise als Kot wieder abgegeben. Der Anteil organischer Stoffe beträgt in sandigem Boden nur etwa 1 %, im feinen Schlick aber 5 bis 10 %. Aus diesem Grund fühlt sich Schlick auch schmierig an, wenn man ihn zwischen zwei Fingern reibt.
Auch anorganische Substanzen werden vom Wasser herangebracht. Eisenhydroxid färbt die oberste Schicht des Wattes bräunlich, nicht zu verwechseln mit den obenauf liegenden Kieselalgen (Diatomeen), die einen dunkelbraunen Film bilden. Das Eisenhydroxid wird von Bakterien im Boden reduziert, so daß in größerer Tiefe keine rote Farbe mehr anzutreffen ist. Auch Sulfationen aus dem Wasser werden von wieder anderen Bakterien zur Energiegewinnung reduziert. Dabei entsteht H_2S, Schwefelwasserstoff, der für den fauligen Geruch des Schlickwatts verantwortlich ist. Wenn Schwefelwasserstoff mit den Eisenhydroxid-Molekülen reagiert, bilden sich Eisensulfide. Sie geben den etwas tieferen, sauerstoffarmen Wattschichten ihre schwarze Färbung.

Der Austernfischer nimmt ein Bad im flachen Wasser des Priels. Er ist einer der häufigsten und auffälligsten Vögel der Küste und überdauert im Wattenmeer auch den Winter. Austernfischer nutzen ein weites Nahrungsspektrum, doch jeder einzelne spezialisiert sich auf bestimmte Nahrungsobjekte wie Miesmuscheln, Herzmuscheln oder Würmer.

Im Sand- und Mischwatt lebt auf großen Flächen der Wattwurm. Er frißt in seiner U-förmigen Röhre sitzend einfach den Wattboden und gibt den unverdaulichen Sand als Kothäufchen wieder ab. Zu jedem Kothäufchen gehört ein Trichter, durch den der Wurm Atemwasser leitet. Dennoch, man muß schon sehr geduldig beobachten, bis man zu sehen bekommt, wie ein Wattwurm seinen Kot in Sekundenschnelle nach außen befördert.

Spuren im Watt. Auf dem jungfräulichen Wattboden bleibt nach dem Ablaufen des Wassers jede Spur eine Zeitlang erhalten, bis sie durch das nächste Hochwasser gelöscht wird. Aus den Spuren kann man auf die Urheber schließen. Diese Kleinspuren von knapp 1 cm Durchmesser entstehen dann, wenn der Schlickkrebs nach Ablaufen des Wassers seine Wohnröhre mit einem Schlickklümpchen verschließt.

Wir haben jetzt das Seegat durchquert und nähern uns unmerklich aufsteigend der Insel. Über grobes und feineres Sandwatt, Mischwatt und Schlickwatt erreichen wir dort die Abbruchkante, die den Heller begrenzt. Die Zonierung wiederholt sich in umgekehrter Folge. Auch die Hellerzone läßt eine Zonierung zu den Dünen hin erkennen. Wenn wir nun immer weitergehen, durchstoßen wir schließlich die Dünenkette, die ihre eigenen Zonen aufweist. Hier wird schon der Einfluß der offenen Nordsee spürbar. Schließlich wandern wir durch Primärdünen zum Strand hinab. Wir haben das Wattenmeer verlassen.

Zonierung überall

Das griechische Wort „Zoné" bedeutet Gürtel. Wo wachstumsbestimmende Faktoren graduell abgestuft im Raum wirken, bilden sich gürtelartige Zonen aus, auf die sich vor allem die Vegetation und auch die Fauna einstellen. Das pflanzliche Leben auf unserer Erde ist, von einigen „azonalen" Ausnahmen abgesehen, vom Äquator zu den Polen hin zoniert. Für diese Zonierung spielt das Klima die Hauptrolle. Kleinräumig finden wir Zonierungen überall im Wattenmeer. In den Salzwiesen oder -marschen wird der Einfluß des Salzwassers bzw. des Meersalzes vom Land bzw. vom Inselzentrum zur Grenze des Watts hin immer stärker. Demgemäß wechselt die Vegetation. Im Watt selbst ist vorrangig die Sedimentation zoniert: Sandwatt – Mischwatt – Schlickwatt. Dies sind Typen, zwischen denen es selbstverständlich fließende Übergänge gibt. Die verschiedenen Sedimente werden von ganz verschiedenen Organismen bewohnt, die an die spezifischen Lebensbedingungen angepaßt sind.
Im Kleinstformat finden wir die Zonierung dort vor, wo sich ein Graben durch den Heller zieht. Die gesamte zonierte Abfolge der Pflanzengesellschaften des Hellers von Queller bis zum Rotschwingel kann hier am Grabenrand auf einen halben Meter zusammengedrängt sein.
Das eigentliche Watt ist auch der Lebensraum mit den am stärksten wechselnden Bedingungen. Die Wattoberfläche kann in strengen Wintern tief gefrieren, sie erreicht bei Sommersonne Temperaturen über 30 °C. Selbst innerhalb eines Tages können die Temperaturschwankungen erheblich sein. Die Beleuchtung, der Salzgehalt des Wassers, der Wassergehalt des Sediments, alle diese Faktoren unterliegen enormen Schwankungen. Die dort lebenden Organismen müssen damit fertig werden.

Naturgeschichte einer einmaligen Landschaft

Als die Nordsee noch trocken war

2,5 Mio. Jahre zurück. Im Nordseeraum beginnt mit dem Übergang vom Tertiär zum Quartär eine Zeit gewaltiger klimatischer Umbrüche: die Eiszeit oder das Pleistozän. Kaltzeiten und Warmzeiten wechseln mehrfach miteinander ab. Während der Saaleeiszeit, die vor etwa 85 000 Jahren zu Ende geht, ist der gesamte Nordseeraum mit Ausnahme seiner Südwestecke vom skandinavischen Inlandeis bedeckt. Die Gletscher bringen Sand, Kies und Steine mit. Geschiebelehm und -mergel lagern sich ab, als die Eismassen sich wieder zurückziehen. Die anschließende Saale-Weichsel- oder auch Eem-Warmzeit bringt völlig geänderte Verhältnisse. Das abschmelzende Gletschereis liefert viel Wasser. Die Nordsee hat vor etwa 75 000 Jahren eine Ausdehnung, die ungefähr der heutigen entspricht.
Die nächste Vereisung, die Weichsel-Eiszeit, erreicht ihr Maximum vor etwa 45 000 Jahren. 70 Mio. km^3 Wasser sind allein in den Polkappen der Erde gebunden. Der Meeresspiegel ist dadurch 100 m niedriger als heute. Da das Inlandeis nur die nördliche Nordsee bedeckt, liegt ihr südlicher Teil bis etwa zur heutigen 100-m-Tiefenlinie zwischen Aberdeen in Schottland und Skagen in Dänemark einschließlich der Straße von Dover trocken. Trotzdem sind in dem auch von Menschen und vielen eiszeitlichen Tieren besiedelten Land damals auf großer Fläche Moore entstanden. In 46 m Tiefe findet man in der Nordsee noch heute eine Bodenschicht mit Torf.

Steigender Meeresspiegel

Mit dem Abschmelzen der Eiskappen steigt anschließend der Meeresspiegel wieder allmählich an. Das geschieht vor 9 000 bis 7 000 Jahren. Die Doggerbank und einige andere höher gelegene Regionen des Nordseebodens sind erst schrittweise überflutet worden. Man hat hier immer wieder eiszeitliche Steinwerkzeuge und Mammutknochen in den Fischernetzen entdeckt. Wir selbst haben am offenen Sandstrand von Texel ein Geweihstück vom Riesenhirsch aufgefunden.

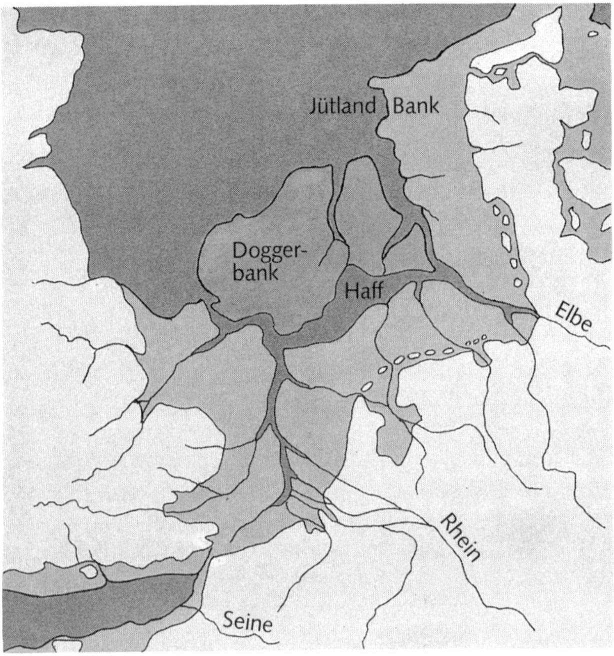

Während der Weichseleiszeit vor etwa 45000 Jahren war so viel Wasser in den Polkappen der Erde gebunden, daß der Meeresspiegel 100 m unter dem heutigen lag. Dadurch war die Küstenlinie weit vorgeschoben, und auch die Doggerbank und die noch nördlicher in der Nordsee liegende Jütlandbank lagen trocken. Vor 9000 Jahren begann allmählich der Wasserspiegel des Meeres zu steigen bis zum heutigen Tag. Gleichzeitig senkte sich die Küste ab. Noch heute findet man auf dem Boden der Nordsee Torfschichten und Reste eiszeitlicher Besiedlung durch Mensch und Tier.

Danach verlangsamt sich der zunächst rasante Anstieg des Meeresspiegels, er hebt sich in den vergangenen rund 7000 Jahren um etwa 8 m auf das heutige Niveau an. Bedingt durch eine zusätzliche schwache Absenkung der Küste von 5 cm in jeweils 100 Jahren steigt er auch heute noch langsam weiter, und zwar 13 cm im Jahrhundert. Das ist eine wichtige Voraussetzung für die Bildung des Wattenmeers.

Strandwall, Dünen, Inseln

Vor etwa 5000 Jahren war die Nordsee noch recht klein. Der Meeresspiegel lag 5 m unter dem heutigen. Strömungen, insbesondere der Tidenstrom, transportierten große Mengen von Sand. Dieser Sand lagerte sich in Form von küstenparallelen Strandwällen ab, die sich selbst verstärkten und über die Meeresoberfläche hinauswuchsen. Die Sandablagerung fand auch dort statt, wo pleistozäne oder ältere Schichten die Flachküste unterbrachen, wie unter den heutigen Inseln Texel, Terschelling, Föhr, Amrum und Sylt. Im Laufe der Zeit entstand wahrscheinlich auf diese Weise entlang der gesamten Küste ein weitgehend geschlossenes Strandwallsystem, auf dem sich unter dem steten Einfluß des Windes Dünen bil-

Grünland vor dem Deich – für viele Besucher eine schöne Naturlandschaft. Ohne Zutun des Menschen entstanden, hat sie sich trotzdem unter dem Einfluß menschlicher Wirtschaftsmaßnahmen stark verändert. Hier führt intensive Beweidung dazu, daß eine formenreiche Salzwiese zu einem nur zentimeterhohen „Golfrasen" reduziert ist, in dem nur wenige Pflanzenarten überdauern können.

deten, die bis zu 20 m Höhe erreichen konnten. Bei allmählich steigendem Wasserspiegel der Nordsee wanderten Strandwälle und Dünen langsam landeinwärts. Allerdings waren sie an einen mittleren Tidenhub gebunden. In der Deutschen Bucht dagegen war der Tidenhub zu groß. Hier bildeten sich lediglich Sandbänke, aber kein geschlossener Strandwall.

„Schwimmende" Moore

Hinter dem Strandwall entstanden küstennahe Lagunen, die unter dem Einfluß der Flüsse aussüßten. So wuchsen hier weitläufige Moore heran. Noch heute findet man vielerorts im Wattenmeer Reste von Torfschichten, die die Existenz dieser Moore belegen. Im Süden der Jade bei Sehestadt liegt – heute als Naturschutzgebiet gepflegt, aber stets dem Anprall der Wellen preisgegeben – ein „schwimmendes" Außendeichsmoor. Als der Wasserstand weiterstieg, wurde der bestehende Strandwall an mehreren Stellen durchbrochen, so daß die heute sichtbare Serie von Inseln entstand. Das Meerwasser überschwemmte auch die dahinter liegenden Moore und deckte sie mit Sedimenten zu.

Wandernde Inseln

Die Entwicklung ist heute noch keineswegs abgeschlossen. Dünen und ganze Inseln wandern allmählich von West nach Ost und zugleich landeinwärts, soweit nicht der Mensch durch Verbauung etwas dagegen unternimmt. Allein die Inseln mit pleistozänem Kern sind gegen die Verfrachtung von Natur aus gefeit, solange der Kern den Fluten Widerstand leisten kann.
Die Insel Wangerooge ist eine reine Düneninsel. Ihr Kirchturm lag früher inmitten der Insel, heute finden sich seine Reste westlich der Insel im Meer. Große Mengen Sand werden noch heute vor den Ostfriesischen Inseln von West nach Ost transportiert. Sie lagern sich auf der Ostseite unter Hakenbildung ab.
Auch die Geestinseln Sylt, Föhr und Amrum haben einen pleistozänen Kern. Sylt ist sehr exponiert, und sein Geestkern wird durch stürmische Brandung von Jahr zu Jahr weiter abgenagt. Die drei Inseln stellen Reste eines ehemals viel größeren pleistozänen Geestgebietes dar, das durch das Meer längst vernichtet wurde.
Das Alter der Düneninseln im Nordseeraum liegt bei mindestens 1 500 Jahren. Damit ist auch ein Mindestalter für das Wattenmeer angegeben.

Die große Mannstränke

Steigt der Meeresspiegel oder senkt sich die Küste, beides muß dazu führen, daß das Meer sich im Laufe der Zeit landwärts vorschiebt. Bevor man um das Jahr 1000 n. Chr. anfing, Deiche zu bauen, war der Küstenverlauf relativ ausgeglichen. Der Deichbau brachte zugleich mit sich, daß die landwärts davon liegenden Moore entwässert wurden und sich setzten. So wurde die Gefahr eines Meereseinbruchs durch größeres Gefälle verstärkt.
Sturmfluten hat es wohl schon immer gegeben. Die Menschen wehrten sich dagegen, indem sie Wurten oder Warften anlegten, durch Bodenaufschüttungen erhöhte Plätze, auf denen Häuser oder ganze Dörfer errichtet wurden. Gräbt man in solchen Anlagen, so findet man oft mehrere Siedlungsschichten übereinander. Im hohen Mittelalter kam es an der Nordseeküste zu Serien von katastrophalen Meereseinbrüchen, deren Folgen noch heute im Küstenverlauf sichtbar sind.
Im Gebiet der Jade hatten seit der Zeitenwende das ganze frühe Mittelalter über recht stabile Verhältnisse geherrscht.

Im 12. Jahrhundert aber war es damit vorbei. Im Jahre 1164 brach die Julianenflut ins Land ein und öffnete eine breite Rinne. Nach zwei weiteren kleineren Einbrüchen in den Jahren 1219 und 1334, in denen sich diese Entwicklung fortsetzte, brach im Jahre 1362 die historische zweite Marcellusflut über blühende Ortschaften herein. Die „große Mannstränke" hat das Leben von Tausenden von Menschen und Haustieren vernichtet. Die Wassermassen drangen tief ins Hinterland vor. So entstand der Jadebusen, der 1511 mit der Antoniflut seine größte Ausdehnung erreichte. Damals gab es sogar einen offenen Durchbruch zur Weser hin. Später wurde durch Deichbau viel des überschwemmten Landes wieder zurückgewonnen. Die entstandene Meeresbucht wirkte als Sedimentfalle. Hier bildeten sich große Wattflächen, auf denen sich das Sediment besonders rasch absetzte und so den natürlichen Verlandungsprozeß begünstigte. Das gilt für den Jadebusen ebenso wie für den Dollart und die Leybucht.

Auch im schleswig-holsteinischen Küstenraum kam es zu Meereseinbrüchen. Das Hinterland der Nordfriesischen Inseln war einst Moor und landwirtschaftlich genutztes Gebiet. Heute sind hier in ausgedehnten Wattflächen nur noch einige der großen Inseln und darüber hinaus zahlreiche kleine Halligen erhalten.

Bedingungen für das Wattenmeer

Einmalige Erscheinungen beruhen auf einmaligen Ursachen. Nicht die einzelne Ursache ist allerdings in vielen Fällen entscheidend, sondern ihre Kombination. Was führte zur Entstehung des Wattenmeers, und was erhält diese Naturlandschaft noch heute?

- Der Meeresboden muß flach abfallen. Steilküsten kommen nicht in Frage. Die Nordsee ist ein küstennahes Flachmeer oder Schelfmeer. Das Schelf ist der überflutete Kontinentalsockel. Die Bedingung „Flachküste" ist also bestens erfüllt.
- Das Hinterland muß ebenfalls flach sein, damit die Flüsse nicht zu grobes, sondern schon sehr feines Material herbeiführen, das sich absetzen kann. Hinter der Nordseeküste liegt das norddeutsche Flachland.
- Genügend Sediment muß herangeführt werden. Dies wird für die Aufschichtung der Watt- und Vorlandflächen benötigt. Das vorhandene Material genügt sogar zur Ausbildung von Düneninseln und Ketten von Küstendünen.

- Die Küste muß sich allmählich absenken, z. B. durch tektonische Bewegungen der Erdkruste. Dies ist an der Nordseeküste gegeben. Ohne diese Absenkung könnten nicht immer neue Schichten aufgetragen werden.
- Strandwälle, Sandbänke oder Inseln bilden einen Schutz gegen die vom offenen Meer her kommende Brandung. Fehlten diese Wellenbrecher, so würden die entstandenen Sedimente leicht wieder abgetragen.
- Der Tidenhub muß mehr als 1,50 m betragen, so daß genügend große Strömungen das Material heranbringen und dann auf großer Fläche verteilen. Der Tidenhub darf aber auch nicht zu groß sein.
- Große Flüsse müssen vorhanden sein, die Feinmaterial herantransportieren. An der deutschen Nordseeküste sind es Elbe, Weser, Jade, Ems, in Holland Rhein und Maas.
- Nur in gemäßigtem Klima kann sich ein solches Watt ausbilden. Unter sonst ähnlichen Bedingungen entstehen in den Tropen Mangrovenwälder.

Diese Vielzahl von Faktoren führt zur Bildung und zum Erhalt des Wattenmeers. Watten sind damit parallel zur Küstenlinie angeordnete Flachwasserbecken, die unter Gezeiteneinfluß stehen und gegen die Brandung geschützt sind. In großen Flußmündungen (Ästuaren) und Lagunen können sich auf kleiner Fläche auch anderswo ähnliche Bedingungen einstellen. Ein Wattenmeer, wie es an der Nordseeküste vorliegt, ist aber weltweit einmalig.

Der kontrastreich schwarz-weiß gefärbte Säbelschnäbler mit seinem aufgebogenen Schnabel ist ein regelmäßiger Bewohner von Salzwiesen im Küstenbereich – für jeden Beobachter eine Augenweide. Im Herbst sammeln sich die Vögel an manchen Stellen im Wattenmeer zu Tausenden an, bevor sie in die Wintergebiete abziehen. In der Bildserie ist eine Begattung dargestellt.
Das Weibchen fordert auf, indem es Kopf und Hals flach auf das Wasser legt. Das Männchen putzt sich noch.
Das Männchen schickt sich zum Aufsteigen an…
…und vollzieht die Begattung. Danach rennen beide Partner schnell voneinander weg und beginnen, das Gefieder zu ordnen.

Spuren des Lebens: Organismen in und auf dem Wattboden

Wenn man am Rande der Salzwiese steht und in die weite Wattfläche schaut, dann möchte man in der Tat meinen, daß dort kaum Leben existiert. Spannt man aber seine Sinne an, nimmt man wahr, wie dicht dieser Lebensraum von den unterschiedlichsten Pflanzen und Tieren besiedelt ist. Bei den Pflanzen sind es in erster Linie die ganz kleinen, die nur durch ihr Massenauftreten dem aufmerksamen Beobachter überhaupt auffallen: die einzelligen Algen, die die Mikroflora bilden. Die Fülle der Arten ist fast unüberschaubar.

Nahrungsbasis Kieselalgen

Ein Blick auf die Oberfläche des sommerlichen, bei Niedrigwasser daliegenden Wattbodens zeigt einen dichten, braunen Belag, der mehrere Millimeter dick sein kann und sich schleimig-schmierig anfühlt. Ist er noch von einer dünnen Wasserschicht überstanden, so bildet er zahlreiche kleine Luftbläschen, von denen ständig einzelne aufsteigen. Es sind Sauerstoffbläschen, und der braune Teppich, der sie produziert, besteht aus Kieselalgen (Diatomeen): $^1/_{50}$ bis $^1/_{10}$ mm kleine, einzellige Algen. Um Sauerstoff produzieren zu können, benötigen sie grünen Farbstoff, das Chlorophyll, der aber von braunen Farbstoffen (Carotine und Fucoxanthin) überlagert und deshalb nicht sichtbar ist. Ihr kleiner Körper ist von einer zweiteiligen porendurchsetzten Schale aus Kieselsäure (SiO_2) umgeben.

Mikroalgen
Mikroskopisch kleine Algen.

Im Sommer, in der „Blütezeit" der Kieselalgen, können Millionen von ihnen einen Quadratzentimeter Wattoberfläche besiedeln. Das ist nur dadurch möglich, daß sie in mehreren Schichten übereinanderlagern. Von ihnen produzierter Schleim umschließt immer wieder die von der Strömung mitgeschleppten Sinkstoffe, so daß die Wattoberfläche unter ihrem Einfluß eine gewisse Festigkeit erlangt und wächst. Besonders bei starkem Seegang wird diese befestigte Schicht

fortgespült, und die verbleibenden Algen beginnen, durch Zellteilung einen neuen Teppich aufzubauen.
Außer von den Kieselalgen ist der Wattboden noch von Geißelalgen (Flagellaten, Dinoflagellaten) und Blaualgen (Cyanophyceen) besiedelt. Bei der Produktion von organischem Material mit Hilfe des Chlorophylls unter dem Einfluß von Sonnenlicht nehmen sie jedoch eine relativ untergeordnete Stellung ein. Hier, in der Gruppe der Produzenten – wie grüne Pflanzen auch genannt werden – haben die Kieselalgen die größte Bedeutung. In den Sommermonaten kann sich ihre Individuenzahl innerhalb eines Tages verdoppeln. Bisher wurden etwa 450 verschiedene Arten von Kieselalgen im Wattenmeer nachgewiesen. Ihre Stellung am Anfang von Nahrungsketten bzw. -netzen ist damit fundamental. Für viele Wattiere stellen sie die Hauptnahrungsquelle dar. So nimmt es nicht wunder, daß man gerade beim Gang über die von Kieselalgen gebräunten Wattflächen zahlreichen Spuren begegnet, die von Tieren stammen: kleinen und größeren Löchern, Kothäufchen, sternförmigen und oftmals einem Gewirr von leicht eingedrückten, bandförmigen Spuren, die wie ein Netz den Boden überziehen. Die breiteren Bänder stammen dabei von der Gemeinen Strandschnecke *(Littorina littorea)*, die feinen von der Wattschnecke *(Hydrobia ulvae)*. Beide finden sich vorwiegend im Schlick- und Mischwatt, die Strandschnecke auch auf Pfählen, Buhnen, Steinen oder Hafenmauern.

Die Formenfülle der Kieselalgen ist ungeheuer groß! Wer sich diese einzelligen Pflanzen mit Hilfe eines Mikroskops optisch zugänglich macht, taucht in eine faszinierende Welt ein. In der Erdgeschichte kamen die Kieselalgen während mancher Epochen zu wahrer Massenentfaltung, was sogar zur Gesteinsbildung führte (Polierschiefer, Kieselgur).

Weidegänger im Watt

Die Siedlungsdichte der Wattschnecke, die mit einer Höhe bis zu 6 mm ein Winzling ist, schwankt stark: 4 000 Tiere/m^2 sind normal, es können auf dieser Fläche aber auch bis zu 100 000 Individuen vorkommen! Von der Gemeinen Strandschnecke finden sich unter günstigen Bedingungen 300 und mehr Exemplare auf dem Quadratmeter. Ihr festes, kegelförmiges Gehäuse ist in der Färbung sehr variabel und 2,5 cm, in Ausnahmefällen sogar bis 4 cm hoch.
Beide Schnecken bewegen sich kriechend auf der Bodenoberfläche des Watts, wobei sie durch Schleimausscheidung und ihr Körpergewicht die bandförmigen Spuren erzeugen. Als Weidegänger grasen sie Bakterien und Kieselalgen ab, sind also die nächsten Glieder im Nahrungsnetz. Das Abgrasen geschieht mit Hilfe einer kleinen Raspelzunge (Radula), die mit Zähnchen besetzt ist. Strandschnecken sind auch dann noch aktiv, wenn das Watt trockengefallen ist.

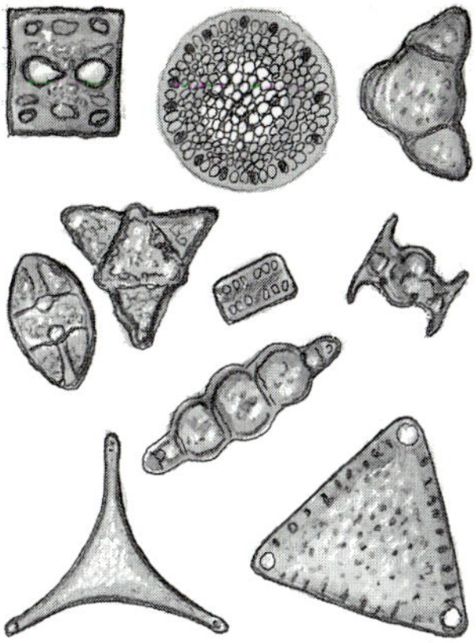

Am Schleimband durchs Wasser

Von der Wattschnecke findet man zu dieser Zeit nur noch wenige Exemplare: Die allermeisten haben sich 3 bis 10 mm tief in den Boden eingegraben, der dann regelrecht von winzigen Löchern übersät ist. Sie verfügen über zwei weitere Verhaltensweisen, die ihnen ein Leben im Wechsel von Ebbe und Flut sehr gut ermöglichen. So können sie sich zum einen mit Hilfe eines Schleimbandes von unten an die Wasseroberfläche anheften und von der Strömung bei Flut land- und bei Ebbe seewärts tragen lassen. Verzehren sie das Schleimband, dann sinken sie zu Boden. Auf diese Weise ist ihnen ein rascher Ortswechsel möglich.

Brutfürsorge als Schutz

Zum zweiten betreiben Wattschnecken Brutfürsorge: Sie befestigen ihre Eier, die sie im Frühsommer ablegen, in kleinen Klümpchen auf den Gehäusen von Artgenossen und bekleben sie außerdem noch mit etwas Sand. So sind sie vor der schnellen Abdrift geschützt. Die aus den Eiern schlüpfenden Jungtiere gehen direkt zum Bodenleben über. Bei der Gemeinen Strandschnecke dagegen ist es anders: Sie gibt ihre Eier direkt ins Meerwasser ab, und die aus ihnen schlüpfenden Larven schwimmen zunächst frei als Planktonorganismen, bevor sie nach einer Entwicklungszeit am Boden zu leben beginnen. Schnecken selber stellen eine wichtige Nahrungsgrundlage für andere Tiere dar. In den kräftigen Muskelmägen von Silber-, Herings- und Mantelmöwen werden selbst die dickschaligen ausgewachsenen Strandschnecken zermahlen. Schalenreste finden sich dann in den Speiballen

Plankton
Kleine Organismen, die sich schwebend oder schwimmend im freien Wasser halten, deren Eigenbewegung aber nicht ausreicht, sie von der Wasserbewegung unabhängig zu machen.

Die Aktivitäten der Wattschnecke sind nicht zu übersehen! Wenn auch die einzelnen Individuen sehr klein sind, so fallen sie doch durch ihr gehäuftes Auftreten im Wattenmeer auf. Zu erkennen sind die Tiere und ihre Spuren: bandförmige Kriechspuren und kleine Löcher, die beim Eingraben entstehen.

und im Kot der Vögel. Von der Wattschnecke leben z.B. Krebse, Fische, Brand- und Eiderenten. Dies sind nur wenige Beispiele für die Nahrungsbeziehungen zwischen den Wattorganismen.

Ein Winzling unter den Krebsen

Wer aufmerksam den von den eingegrabenen Wattschnekken durchlöcherten Boden des Schlickwatts betrachtet, wird auch sternförmige Spuren von etwa 1 cm Durchmesser finden. Sie stammen von einem kleinen Krebs, dem 8 bis 10 mm langen Schlickkrebs *(Corophium volutator)*, der zu den Flohkrebsen gehört. Männchen und Weibchen lassen sich leicht unterscheiden: das zweite Antennenpaar der Männchen ist körperlang, das der Weibchen nur halbkörperlang. Von den Tieren finden sich 1000 bis 5000, manchmal bis zu 40000 Exemplare auf 1 m^2. Sie sitzen in selbstgegrabenen, 3 bis 4 cm tiefen, U-förmigen, mit Schleim ausgekleideten Gängen. Um an Nahrung zu kommen, stehen ihnen zwei Möglichkeiten zur Verfügung. Zum einen erzeugen sie in ihrem Wohngang durch Schlagen mit den Extremitäten einen Wasserstrom, dem sie Sauerstoff entnehmen und aus dem sie Planktonorganismen herausfiltern. Zum anderen kratzen sie rund um ihre Röhrenöffnung mit ihrem zweiten, langen Antennenpaar die oberste Bodenschicht zu sich heran und entnehmen dem Material Kieselalgen und tote organische Partikel. Auf diese Weise entstehen die sternförmigen Spuren. Bei diesen Arbeiten spreizen die Schlickkrebse regelmäßig ihre beiden Antennen, wodurch das dazwischenliegende Wasserhäutchen platzt. Das dadurch entstehende feine Geräusch ist mitverantwortlich für das Wattknistern.

Männchen (links, lange Antennen) und Weibchen des Schlickkrebses in ihrer U-förmigen Wohnröhre, rechts daneben ein zweiter Gang. Der aufgegrabene Boden zeigt in der oberen, sauerstoffreichen Schicht eine helle Färbung, in der darunterliegenden sauerstoffarmen eine dunkle. Dort, wo die Schlickkrebsröhren in den Boden reichen, bringt eindringendes Wasser Sauerstoff mit. Dadurch wird Eisensulfid in Eisenhydroxid umgewandelt: der ehemals dunkle Boden wird hell!

Ein Brutsack für die Eier

Der Schlickkrebs verfügt über weitere Anpassungen, die ihm ein Leben im Watt erst möglich machen. Die Eier wie auch die geschlüpften Jungkrebschen werden in einem Brutsack am Bauch des Weibchens aufbewahrt. Durch dieses Verhalten sowie durch eine rasche Generationenabfolge können sie die im Watt ständig auftretenden riesigen Verluste immer wieder wettmachen. Läuft das Wasser von den Wattflächen ab und trocknen diese dann stark aus, verschließen Schlickkrebse ihre Röhren durch einen Pfropfen aus Bodenmaterial. Da dieses Material rund um die Öffnungen zusammengekratzt werden muß, entstehen auch dabei sternförmige Spuren.

Kothäufchen aus Sand

Die wohl auffälligsten Tierspuren, die das Watt überhaupt zu bieten hat, sind die Kothaufen eines Wurmes: des Wattwurmes *(Arenicola marina)*, der auch Sandpier, Pierwurm oder Köderwurm genannt wird. Er ist ein entfernter Verwandter der allbekannten Regenwürmer. Vom Schlickwatt bis zum Sandwatt ist er verbreitet, wobei die größte Dichte der erwachsenen Tiere im Mischwatt zu finden ist. Er ist 10 bis 20 cm lang, 0,5 bis 1 cm dick, und seine Farbe reicht von braun bei jungen bis fast schwarz bei alten Tieren. Die auffälligen Kothaufen des Wattwurms liegen an der Öffnung seines L-förmigen Gangs, dessen Wände durch Schleim verfestigt sind. Er kann bis in 30 cm Tiefe reichen und wird von seinem Erbauer oft über Monate als Wohnung behalten.

Detritus
Abgestorbene organische Substanz pflanzlicher oder tierischer Herkunft.

Als Nahrung dienen dem Wattwurm einzellige Algen und tote organische Partikel (Detritus). Beides gewinnt er durch Fressen von Sand, den er – im unteren waagerechten Teil seines Ganges liegend – durch Ausstülpen seines Rüssels aufnimmt. Die dabei entstehende Lücke wird durch nachrutschenden Sand immer wieder aufgefüllt, und schließlich entsteht an der Wattoberfläche ein Trichter von 2 bis 6 cm Durchmesser. Er markiert das obere Ende des Freßgangs, der

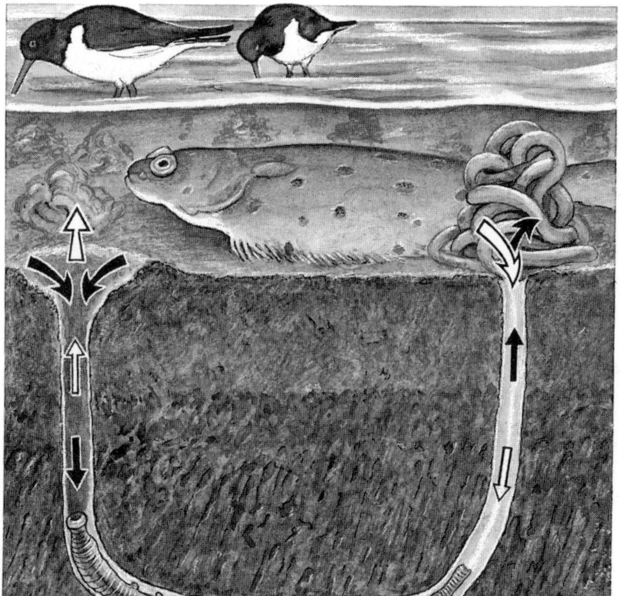

Wenn der Wattwurm im unteren Teil seiner Röhre liegt und Sand (➡) aus dem Freßgang (links) aufnimmt, ist er vor Beutegreifern wie Austernfischer oder Scholle sicher. Wenn er aber im „Kotgang" (rechts) nach oben kriecht, um seinen Darm zu entleeren, wird ihm oft ein Teil seines Hinterendes abgerissen. Durch die ständige Bewegung des Wurmes wird ein Wasserstrom in der Röhre (⇨) erzeugt.

jetzt zusammen mit dem L-förmigen Wohngang eine U-förmige Röhre bildet.

Ein Wasserstrom in der Wohnröhre

Durch regelmäßige Bewegungen seines Körpers erzeugt der Wurm einen Wasserstrom: Wasser strömt in den Kotgang ein und durch den Freßgang hinaus. Damit wird nicht nur frischer Sauerstoff an das Tier herangeführt, sondern auch Nahrung, die sich am unteren Ende des Freßgangs ablagert. Will der Sandpier den überwiegend aus Sand bestehenden Kot abgeben, so kriecht er in dem senkrechten Teil seines Wohnganges nach oben und stößt ihn als wurmförmiges Häufchen ab. Daher rührt der Name „Kotgang" für diesen Teil der Wohnröhre. Eine Kotabgabe erfolgt im Abstand von einer halben bis einer Stunde.
Die tiefen Bereiche, in denen der Wurm lebt, gehören der Reduktionsschicht des Wattbodens an und sind damit sauerstofffrei (s. Abb. Seite 29). So können sich die Tiere nur durch das Erzeugen eines ständigen Wasserstromes mit Sauerstoff versorgen. Zeiten, zu denen die Flächen trockengefallen sind, überstehen sie dabei unbeschadet, da sie eine geringe Empfindlichkeit gegenüber Sauerstoffmangel haben. Außerdem besitzen sie Hämoglobin, einen roten Blutfarbstoff, den auch wir Menschen haben, mit dem selbst bei geringem Sauerstoffangebot noch eine ausreichende Versorgung möglich ist. Gräbt man die Wohnröhre eines Wattwurms auf, so sind ihre Wände gegenüber der dunklen Umgebung hell abgegrenzt: Hier ist durch den vom Wasserstrom mitgeführten Sauerstoff das Eisensulfid des Bodens zu Eisenhydroxid umgewandelt

Inmitten der Rippelmarken sind auf dem Wattboden die Kothäufchen des Wattwurms zu sehen. Ihre unterschiedliche Größe deutet auf verschieden alte Verursacher hin. Der Trichter (links) markiert das obere Ende des Freßganges, die Kothäufchen dagegen liegen am Ende des Kotganges. Freß- und Kotgang sind im Boden U-förmig miteinander verbunden.

(oxidiert) worden. Auch dadurch erlangen die Gänge eine besondere Festigkeit.

Eine beliebte Beute

Hat man etwas Glück, so findet sich der Wurm im unteren waagerechten Teil seiner Röhre: Sein Körper ist in ein dickes Vorder- und ein dünnes Hinterende gegliedert. Beim näheren Betrachten erkennt man auf dem Vorderabschnitt 13 Paare feinverzweigter, durch das Hämoglobin rotgefärbter Kiemen, die für die Sauerstoffaufnahme verantwortlich sind. Außerdem liegen im Mittelbereich des Körpers an den Seiten des Bauches je 2 Bündel von Borsten. Ein so großer Wurm stellt eine „fette Beute" für andere Tiere dar. Und in der Tat wird er von Krebsen, Fischen und Vögeln (z. B. dem Austernfischer) häufig gefressen. Sie erwischen aber meist nur einen Teil seines dünnen Hinterendes: Wenn der Wurm sich zur Kotabgabe an die Wattoberfläche bewegt, wird es von Beutegreifern abgerissen. Dadurch ist sein Leben aber keineswegs beendet, denn aus dem vorderen kurzen Abschnitt des Hinterleibes, der meist nicht mitabreißt, wird ein neues Hinterende regeneriert.
Neben seiner Wichtigkeit als Beute für andere Tiere ist der Wattwurm möglicherweise auch durch seine Grab- und Freßtätigkeit für das Ökosystem Watt von besonderer Bedeutung. Mit ihrer hohen Siedlungsdichte, die bis zu 50 Tiere/m^2 reichen kann, bewegen sie pro Jahr etwa 400 kg Sand/m^2 (4 000 t/ha!). Gräbt man nach einem Wattwurm, so findet man unterhalb seiner Wohnröhre häufig eine 1 bis 3 cm dicke Schicht aus abgestorbenen Wattschnecken und anderen Schalenstückchen.

Die Vielfalt der Borstenwürmer

Außer dem Wattwurm gibt es eine Reihe weiterer Borstenwürmer, die auf den weiten Flächen anzutreffen sind. Viele sind so klein, daß sie mit dem bloßen Auge nicht erkennbar sind. Sie leben in den feinen Lücken zwischen den Sandkörnern und bilden zusammen mit anderen Winzlingen die Sandlückenfauna. Wenn sie auch dem „Normalbürger" kaum bekannt sind, so wissen doch die Zoologen seit langer Zeit um ihre Existenz, und in der Forschung über die Entwicklungsgeschichte und die verwandtschaftlichen Beziehungen der Tiere spielen sie eine bedeutende Rolle. Andere, größere Arten bekommt man kaum zu Gesicht, aber Spuren verraten leicht ihre Anwesenheit.

Da sind die vielen kleinen Kothäufchen des Kotpillen- oder „Gummiband"wurmes *(Heteromastus filiformis)*, eines bis 10 cm langen, aber nur 1 mm dicken, roten Wurmes, die die Wattböden mit dichten schwarzen Tupfen überziehen können. Der Wurm lebt in einem Gangsystem bis in 15 cm Tiefe, an dessen Ende er Wattboden frißt. Dieses Gangsystem in Form zahlreicher dünner Sandröhrchen kann freigespült werden. Solche Sandröhrchen können aber auch vom Pygospiowurm *(Pygospio elegans)* stammen, der eine Charakterart des Mischwatts ist. Seine Nahrung – Kieselalgen und Detritus – entnimmt dieser mit 2 Tentakeln der Bodenoberfläche. Dazu sondert er Schleim ab, an dem die Partikel festkleben.

Eine Besonderheit unter den Borstenwürmern stellt sicher der Bäumchenröhrenwurm *(Lanice conchilega)* dar: Er baut Röhren, deren baumartig verzweigte Spitzen aus dem Boden herausschauen. Sie liegen quer zur Hauptströmungsrichtung des Wassers und fangen Plankton und Detritus ein. Der Wurm sammelt dann mit seinen klebrigen Tentakeln diese Partikel ab.

Unter den Borstenwürmern gibt es aber auch räuberisch lebende Arten. Einer von ihnen ist der Grüne Seeringelwurm *(Nereis virens)*.

Großartige Spuren hinterläßt er nicht auf dem Wattboden, denn dieser bis zu 90 cm lange, grün gefärbte Wurm lebt in tiefen, selbstgegrabenen, verzweigten Röhren, die er mit Hautschleim verfestigt. Mit den kräftigen Mundwerkzeugen, die sich an seinem ausstülpbaren Rüssel befinden, kann er sowohl Algen als auch kleinere Tiere fressen. Zu Gesicht bekommt man ihn eigentlich nur kurz bevor er stirbt; dann liegen überall die fast aufgelösten „Wurmhüllen" auf dem Wattboden.

Fortpflanzung bei Vollmond

Geht man allerdings in einer milden Vollmondnacht Anfang Mai ins Watt, dann kann man die lebenden Würmer im flachen Wasser schwimmen sehen. Dies ist die Zeit, zu der die Tiere schwärmen und sich fortpflanzen. Jetzt sehen sie anders aus als sonst.

Ihre kleinen Extremitäten (Parapodien) haben sich zu großflächigen Ruderblättern umgebildet, die Borsten fallen aus. Auch innerlich sind eigenartige Veränderungen vor sich gegangen. Der Darm hat sich teilweise zurück-, die Muskulatur umgebildet. Der ganze Wurm besteht jetzt fast nur noch

Der Grüne Seeringelwurm kann mit seinen mächtigen Mundwerkzeugen sehr gut andere Tiere ergreifen. Sein Körper ist in viele hintereinanderliegende, gleichartige Ringe (Segmente) gegliedert, wie es auch bei Regenwürmern – seinen Verwandten – der Fall ist. Jeder Ring trägt rechts- und linksseitig ruderblattartige Extremitäten, die den Tieren zur Fortbewegung dienen.

aus Geschlechtszellen und der schützenden Körperwand. Diese Geschlechtstiere sind gegenüber ihren bodenbewohnenden Artgenossen dermaßen verändert, daß man sie früher als eigene Art angesehen hat.
Die Mondphase, plötzlich ansteigende Temperaturen und von den Weibchen abgegebene Botenstoffe (Pheromone) lösen das Schwärmen aus: Männchen und Weibchen kriechen in großer Zahl aus ihren Röhren, um gemeinsam abzulaichen. Bei ihrer äußeren Besamung müssen große Mengen an Eiern und Spermien gleichzeitig abgegeben werden. Ein Weibchen dieser Wurmart enthält etwa 500 000 Eizellen. Die Zahl der Spermien ist wesentlich größer. Eine wichtige Aufgabe ist vollbracht, für Nachkommenschaft ist gesorgt. Das Leben dieser Individuen aber ist beendet.
So sind gerade von den Borstenwürmern im Laufe der Stammesgeschichte vielfältige Möglichkeiten entwickelt worden, das Watt als Lebensraum zu erschließen und seine Nahrungsquellen zu nutzen.

Arm an Arten – reich an Individuen

Insgesamt gesehen ist das Watt – im Gegensatz zu den anderen Meeresteilen – relativ arm an Tierarten. Dafür sind die extremen Lebensbedingungen verantwortlich zu machen: hohe Schwankungen in Temperatur und Salzgehalt – letzteres in Abhängigkeit von Regenfällen oder starker Sonneneinstrahlung bei Niedrigwasser –, geringer Sauerstoffgehalt in tieferen Bodenschichten, der Wechsel von Trockenfallen und Überspülung, starke Windeinwirkung, Abtrag und Ablagerung von Boden.
Mit diesen Bedingungen können nur wenige, besonders angepaßte Arten zurechtkommen. Sie treten allerdings in so riesigen Individuenzahlen auf, daß das Watt dicht besiedelt ist. Dabei werden sie nach der Art ihrer Lebensweise in Epibionten (auf dem Boden lebend) und Endobionten (im Boden lebend) unterteilt. Auf den regelmäßig trockenfallenden Wattflächen findet man in der Mehrzahl Endobionten.
Es gibt kaum Arten, die überall im Watt gleichmäßig auftreten, sondern es finden sich je nach Ausprägung des Watts spezifische Lebensgemeinschaften ein. So sind der Schlickkrebs und die Wattschnecke typisch für das Schlickwatt, der Wattwurm, die Plattmuschel *(Macoma baltica)* und der Pygospiowurm für das Mischwatt, der Bäumchenröhrenwurm für das Sandwatt.

Bei Niedrigwasser liegen die bandförmigen Blätter des Breitblättrigen Seegrases in Richtung des abgeflossenen Wassers auf dem Wattboden. Seegrasgewächse sind die einzigen Höheren Pflanzen, die man in den Wattengebieten der Nordsee findet. Früher, als sie noch häufig waren, nutzte man sie als Matratzenfüllung, als Verpackungsmaterial für Glas, als Dünger, als Material zum Dachdecken, mit Pech getränkt als Pflastersteine und zur Jodgewinnung.

Beinahe ausgestorben: das Seegras

Hervorzuheben sind als besondere Lebensräume die Seegraswiesen. Sie entstehen bevorzugt auf den oberen, geschützten Watten und werden in erster Linie von Zwergseegras *(Zostera noltii)*, daneben auch vom Breitblättrigen Seegras *(Z. marina)* gebildet. Es sind die einzigen höheren Pflanzenarten, die ständige Überflutung mit Salzwasser vertragen. Das weitreichende Wurzelwerk des Seegrases durchsetzt den Wattboden so stark, daß die Pflanzen genügend Halt bekommen. Ihm entspringen die bandartigen, im Wasser flutenden Blätter. Da die Pflanzen frostempfindlich sind, sterben ihre oberirdischen Teile in fast jedem Winter ab. Im Frühjahr erfolgt dann eine Regeneration der Seegraswiesen durch Samen und aus Wurzelstöcken.

Früher gab es riesige Bestände vom Seegras im Wattenmeer, so daß es sogar industriell, z. B. als Matratzenfüllung, verarbeitet wurde. In den Jahren 1931/32 wurden sie aber durch den aus Nordamerika eingeschleppten Pilz *Labyrinthula macrocystis* extrem stark dezimiert. So verringerten sich die Seegrasbestände an der holländischen Westküste von 15 000 ha auf ganze 160 ha. Dadurch kam die Industrie zum Erliegen, und die Flächen entfielen als wichtige Lebensräume für Rot- und Braunalgen sowie Schnecken, Krebse und viele Fischarten, die im Schutz des Seegrases siedelten. Eine Folge war auch der Rückgang der Bestände der Ringelgans, die vom Herbst ab vorzugsweise von Seegras lebte. Vielerorts haben sich die Seegrasbestände bis heute nicht erholt.

Vom Seihen, Stochern und Trampeln: Vögel im Watt

Es ist schon beeindruckend, wenn sich bei Hochwasser zahllose Vögel auf höhergelegenen Rastplätzen dicht an dicht in riesigen Scharen einfinden, um die Ebbe abzuwarten: Da sitzen viele hundert grau-weiße Silbermöwen *(Larus argentatus)*, schwarz-weiße Austernfischer *(Haematopus ostralegus)* mit roten Schnäbeln und Füßen, hellgraue Lachmöwen *(Larus ridibundus)* mit schokoladenfarbenen Köpfen, und unzählige kleine, mittelgroße, hell- bis rostbraune Watvögel (Limikolen) mit kurzen oder langen, geraden oder gebogenen Schnäbeln. Weitere Schwärme fallen ständig ein.

Dieses Schauspiel ereignet sich täglich zweimal, wenn das Watt vom Wasser überflutet wird. Allmählich fließt danach das Wasser ab und gibt einen reichgedeckten Tisch frei. Dieser Vorgang bestimmt den Lebensrhythmus der Vögel, die im Wattenmeer ihre Nahrung suchen.

Wenn die ersten Wattflächen freifallen, beginnt die Nahrungssuche: Pfuhlschnepfen *(Limosa lapponica)*, Alpenstrandläufer *(Calidris alpina)*, Knutts *(Calidris canutus)*, Großbrachvögel *(Numenius arquata)*, Sand- und Seeregenpfeifer

Der Kiebitzregenpfeifer ist ein Gast aus dem arktischen Sibirien. Während der Zugzeit im Frühjahr und Herbst halten sich die Vögel mehrere Wochen im Watt auf. Dieser Vogel trägt sein schlichtes Winterkleid; im Frühjahr mausern die Altvögel in ein kontrastreicheres schwarzgraues Brutkleid. Kiebitzregenpfeifer suchen ihre Nahrung nach Regenpfeiferart: Der im Watt stehende Vogel vibriert mit einem nach vorn gestellten Bein und lockt somit seine Beute an die Oberfläche. Er kann sogar die Bewegungen der Nahrungstiere hören.

Das Watt ist ein äußerst nahrungsreicher Lebensraum, in dem sich viele Vogelarten ernähren. Sie hinterlassen bei Niedrigwasser mit Fuß und Schnabel charakteristische Spuren auf der Oberfläche des Wattbodens. Schnabelbau und Nahrungssuche sind an unterschiedliche Beute angepaßt.

Nahrung
Seeringelwurm
Wattschnecke
Schlickkrebschen

Seeringelwurm
Wattschnecke
Schlickkrebschen

Miesmuschel
Herzmuschel
Pierwurm
Strandkrabbe

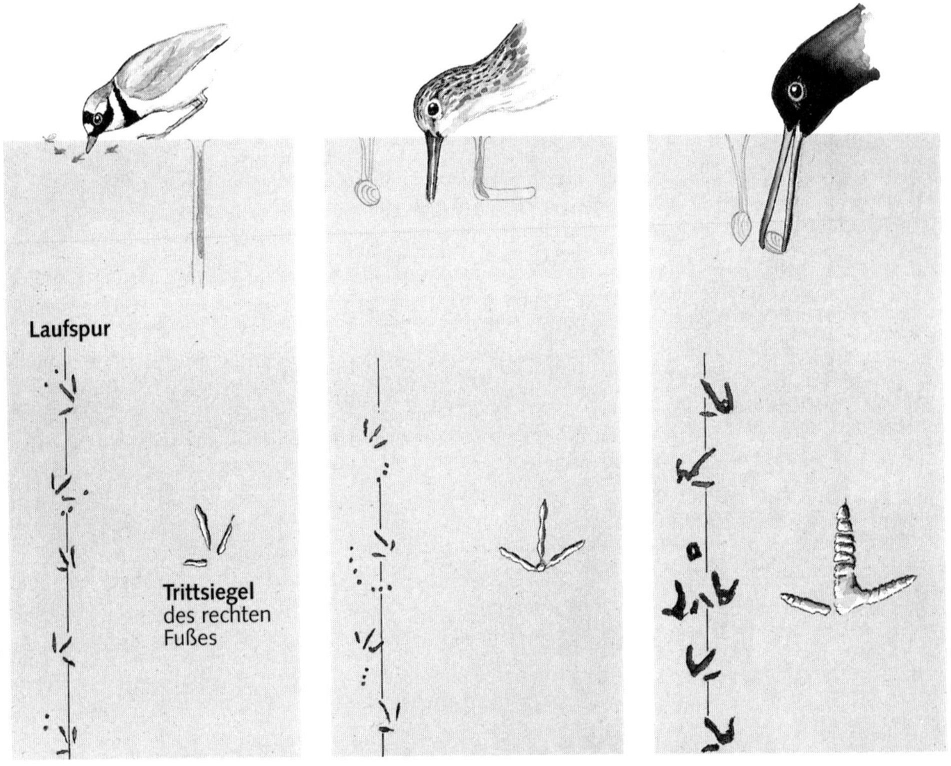

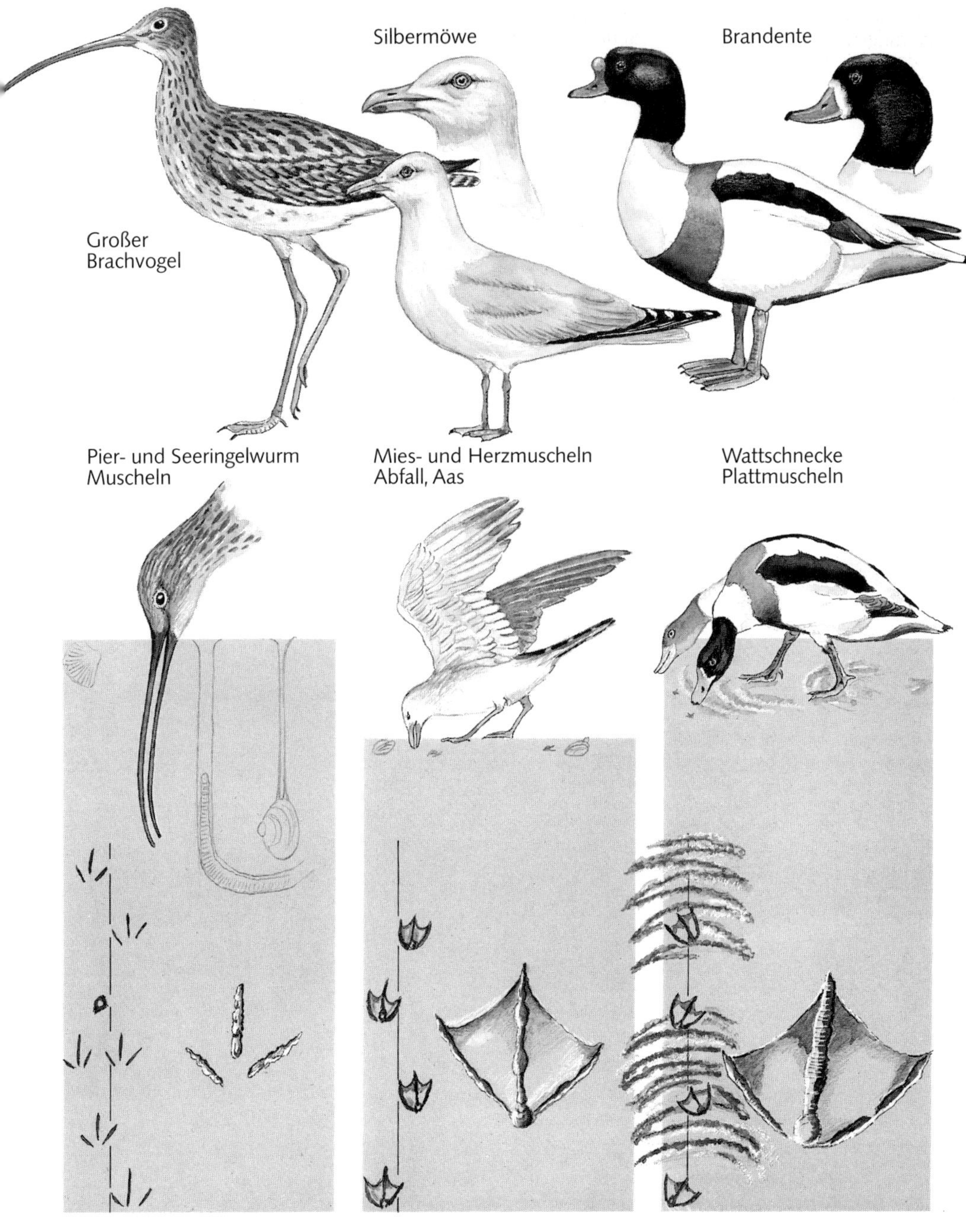
Silbermöwe
Brandente
Großer Brachvogel
Pier- und Seeringelwurm
Muscheln
Mies- und Herzmuscheln
Abfall, Aas
Wattschnecke
Plattmuscheln

Der Alpenstrandläufer ist im Brutkleid eindeutig vom Sichelstrandläufer zu unterscheiden: Er ist kleiner und trägt einen schwarzen Bauchfleck. Der Sichelstrandläufer dagegen hat einen kräftigen gebogenen Schnabel, sein Bauchgefieder ist rotbraun. Im Winterkleid sind beide grau gefärbt und nur schwer voneinander zu unterscheiden.

(*Charadrius hiaticula* und *Ch. alexandrinus*) kommen in großen Trupps oder einzeln, laufen durch das flache Wasser und suchen emsig nach Borstenwürmern, Krebsen, Muscheln, Wattschnecken und anderen Kleintieren. Immer neue Schwärme landen auf den allmählich freiwerdenden Flächen. Schon werden die ersten Kothäufchen des Pierwurms sichtbar, da hält es die Rotschenkel *(Tringa totanus)* nicht mehr zurück, auch die Austernfischer auf ihren Rastplätzen werden munter und fliegen in kleinen Trupps auf das Watt hinaus.
Mit dem Fernglas kann man gut beobachten, wie unterschiedlich die Schnabelformen der Vögel sind. Da gibt es kurze Schnäbel, mit denen Krebschen und anderes Kleingetier aufgepickt werden, z.B. bei Kiebitzregenpfeifer, Sand- und Seeregenpfeifer, Knutt und Alpenstrandläufer; die langschnäbligen Pfuhlschnepfen, Großbrachvögel oder Austernfischer stochern nach Würmern und Muscheln im Wattboden, während die Silbermöwen, Mantel-, Sturm- und Lachmöwen alles mögliche an Nahrung erbeuten und gierig herunterschlucken. Entenvögel mit einem rostbraunen Brustband suchen im flachen Wasser gründelnd und seihend nach Nahrung: es sind Brandenten *(Tadorna tadorna)*.

Möwen – überall präsent

Aber schauen wir etwas genauer hin, was die Vögel da treiben. Eine Gruppe hellgrauer Gestalten sitzt im Flachwasser in Ufernähe: es sind Silbermöwen und, etwas weiter hinten, Lachmöwen. Die Silbermöwen ruhen noch und warten darauf, daß das Wasser abläuft. Ihre Köpfe haben sie ins

Trampelwannen finden sich bevorzugt in den Flachwasserbereichen des Watts. Verschiedene Möwenarten und die Brandente nutzen diese Strategie zum Nahrungserwerb. Im flachen Wasser stehend, trampeln sie beim Rückwärtsgehen oder auf der Stelle stehend abwechselnd mit den Beinen und wühlen dadurch den Wattboden auf. Die aufgewirbelten Borstenwürmer und Muscheln werden gefressen.

Trampelwanne
Von Möwen, Brandenten und anderen Arten durch Trampeln auf der Stelle im flachen Wasser erzeugt. Die Vögel nehmen die aus dem Untergrund herausgelösten und aufgewirbelten Organismen auf.

Gefieder gesteckt, hin und wieder bewegen sich ihre Körper ein wenig vorwärts. Nachdem das Wasser dort abgelaufen ist und die Vögel fortgeflogen sind, bleiben eigenartige Ringe mit kreisförmigen Rändern im Boden zurück: es sind Schleifspuren der Möwen, die mit dem Ebbstrom abgetrieben wurden. Auch erkennt man weißliche Kleckse als flüssige Kotabsonderungen neben hellen oder bläulichen Muschelschalenklumpen, den Speiballen der großen Möwen.
Auch die Lachmöwen stehen im flachen Wasser. Sie senken ab und zu die Köpfe, um Nahrung aufzunehmen. Bei genauerem Hinsehen bemerken wir, daß einige von ihnen auf der Stelle zu laufen scheinen. Diese Tiere picken auch öfter und scheinen reichlich Nahrung zu finden. Immer mehr Individuen schließen sich dieser Tätigkeit an, sie trampeln auf der Stelle. Nachdem das durch einen kleinen Seitenpriel abfließende Wasser den Wattboden freigibt, wird klar, was hier geschah: Die Lachmöwen haben im seichten Wasser durch ihr Trampeln Wannen in das Watt getreten. Das geht auch deshalb so leicht, weil sie zwischen den Zehen Schwimmhäute haben, mit denen der weiche Boden aufgewirbelt wird. Dabei kommen viele Würmer zum Vorschein, die die Lachmöwen aufpicken. Nachdem das umliegende Watt trockengefallen ist, folgen sie dem ablaufenden Wasser dorthin, wo sie gleiche Bedingungen finden. Sie hinterlassen 25 bis 35 cm breite und bis zu 10 cm tiefe Trampelwannen oder sogar meterlange Trampelrinnen, in denen sich das Wasser inzwischen wieder geklärt hat.
Einige Silbermöwen, Eider- und Brandenten scheinen diese Strategie ebenfalls anzuwenden. Bei ihnen sind die Trampelwannen allerdings größer und tiefer. Durch die nächste Flut werden diese „Kraterlandschaften" häufig schon wieder eingeebnet.

Arktische Gäste – Watvögel

In der Zwischenzeit sind unzählige Watvögel auf den freiwerdenen Flächen im Watt gelandet. Sie fliegen in großen Schwärmen, manchmal sogar in gemischten Trupps größerer und kleinerer Vogelarten herbei; hier kommen Pfuhlschnepfen mit Kiebitzregenpfeifern an, dort landen Alpenstrandläufer mit Knutts. Schon suchen sie die Oberfläche nach Kleintieren ab. Wer hier nicht schnell genug verschwunden ist, wird von den Watvögeln erwischt und verspeist. Nur die große Fülle der wirbellosen Tiere vermag die unzähligen gefiederten Gäste zu sättigen.

Der Knutt

Häufig finden sich in diesen Gruppen kleine, gedrungene und kurzbeinige Vögel mit rostrotem Brustgefieder, dunklem Rücken und einem kurzen geraden Schnabel ein. Es sind Knutts. Sie stellen Plattmuscheln oder jungen Herzmuscheln nach. In Scharen ziehen sie über die Flächen hin und laufen mit ihren kurzen Beinen weite Strecken hinter dem ablaufenden Wasser her. Sie müssen viel Nahrung aufnehmen, um den Flug in ihre Brutgebiete in Grönland, Nordwestkanada und auf der Taimyrhalbinsel in Nordsibirien zu schaffen. Knutts überwintern in Süd- und Westafrika (Mauretanien), in Westfrankreich oder auch bei uns im Wattenmeer, wenn der Winter nicht zu streng wird.

Riesige Schwärme von ihnen finden sich alljährlich auf dem

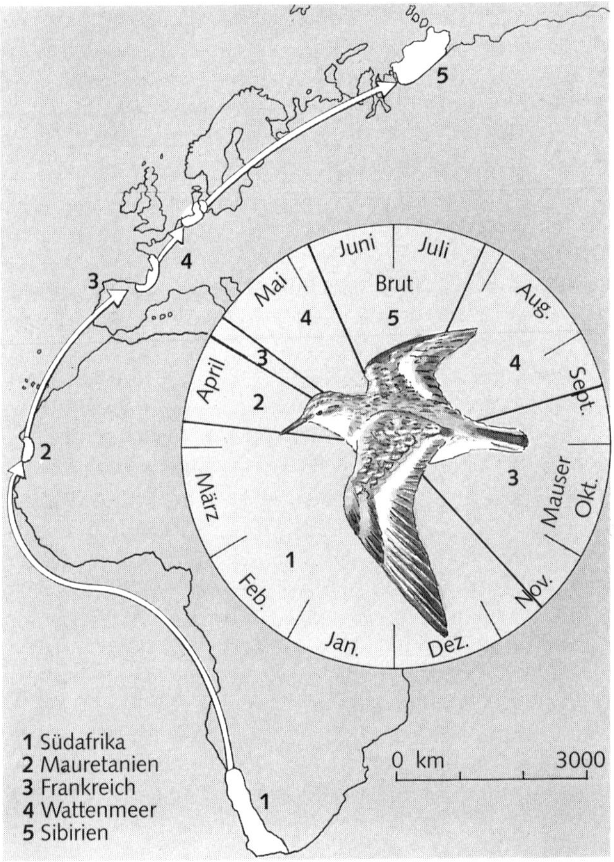

Knutts *(Calidris canutus)* sind mittelgroße Watvögel, die im arktischen Sibirien (5) brüten und zur Überwinterung bis nach Südafrika (1) ziehen. Dazwischen benötigen sie in Mauretanien (2), in Frankreich (3) bzw. im Wattenmeer (4) nahrungsreiche Rastplätze, um ihre Energiereserven für die nächste Flugetappe aufzufüllen. Zwischen den einzelnen Rastplätzen liegen unterschiedlich weite Strecken bis zu 5300 km, die sie im Non-Stop-Flug zurücklegen. Eine andere Knuttpopulation, die in Alaska und Grönland brütet, rastet ebenfalls im Wattenmeer.

Knutts oder Islandstrandläufer erscheinen während der Zugzeit in „Wolken" zu Tausenden. Mit ihren Flugspielen, die abwechselnd die dunklen Rückenseiten und wie auf Kommando bei einem Schwenk die hellen Bauchseiten präsentieren, beeindrucken sie ihre Betrachter. Selbst bei einer hohen Schwarmdichte treten keine Kollisionen auf. Nicht einmal die Flügelspitzen berühren sich gegenseitig! Unzählige Vögel fallen hier zur Hochwasserzeit auf einem Rastplatz ein.

Heimzug in das jeweilige Brutgebiet im April/Mai und vor allen Dingen im Herbst auf dem Wegzug von August bis Oktober im Wattenmeer ein. Knutts und Alpenstrandläufer sind hier die häufigsten Gäste. Sie fliegen in dichten Schwärmen in breiter Formation auf und ab und führen koordinierte Flugmanöver aus, bei denen ihre hellere Unterseite und die dunklere Oberseite abwechselnd zu erkennen ist. Sie fliegen sehr schnell, und doch berührt keiner den anderen.

Knutts sind Langstreckenzieher. Sie können in 1 bis 3 Tagen ohne Pause Riesenentfernungen zurücklegen. Ihre Zuggeschwindigkeit beträgt etwa 80 km/h. So schaffen sie 2 000 bis 3 000 km ohne Unterbrechung.

Nun sind auch die Langschnäbel eingetroffen und gehen ihrem Nahrungserwerb nach. Mit ihren Schnäbeln vermögen sie auch tiefere Schichten im Wattboden zu nutzen. Mit der tastempfindlichen Spitze werden die Nahrungstiere geortet und herausgezogen. Die größte Tiefe erreichen die Großbrachvögel, da sie mit ihrer Schnabellänge die Pfuhlschnepfen und Austernfischer noch übertreffen. Sie angeln sich Borstenwürmer, aber auch große Muscheln aus dem Schlick.

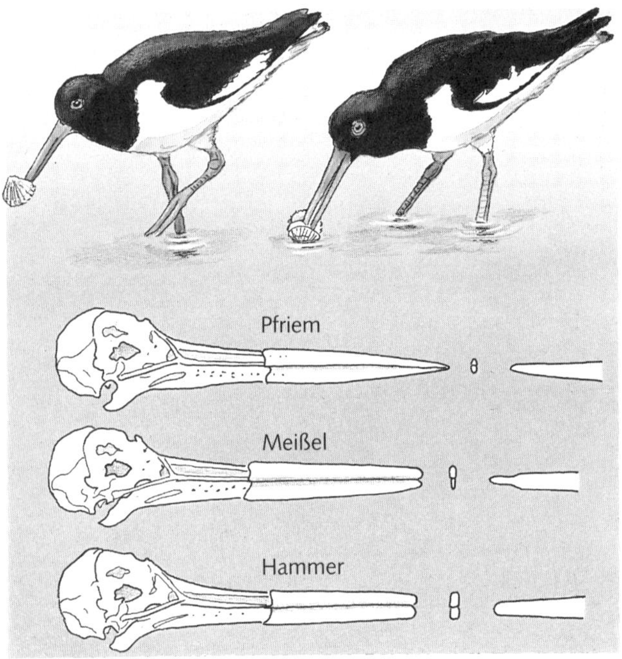

Austernfischer sind die bekanntesten und auffälligsten Vögel an der Küste. Sie ernähren sich im Watt vorwiegend von Muscheln und Würmern. Austernfischer haben lange orangerote Schnäbel, mit denen sie Beute aufspüren und sich zugänglich machen. Beim Individuum paßt sich der Schnabel an die bevorzugte Form der Nahrungssuche an. Pfriemschnäbel sind spitz zulaufend geformt und eignen sich zum Stochern nach Würmern. Der zur Schneide geformte Meißelschnabel dringt zwischen die geöffneten Muschelschalen ein, der stumpfe Hammerschnabel zerschlägt sie einfach.

Inzwischen entsteht Unruhe auf dem Rastplatz der Austernfischer. In kleinen Trupps fliegen sie mit schnellen Flügelschlägen bis an die Wasserlinie hinaus. Einen Austernfischer sieht man gerade mit einer dunklen Muschel über das Watt rennen. Er läuft zu festerem Untergrund und beginnt die erbeutete Miesmuschel zu öffnen. Sie hat nicht schnell genug die beiden Schalenhälften schließen können. Der eindringende Meißelschnabel des Vogels hatte aber den Schließmuskel noch nicht erreicht. Nun sitzt die Muschel festgeklemmt an der Schnabelspitze. Nur durch geschicktes Drehen und Hebeln gelingt es dem Vogel, sich endlich zu befreien. Danach kann er das nahrhafte Muschelfleisch aus der geöffneten Schale herauspicken und verzehren.
Andere Austernfischer haben eine ebenso wirkungsvolle Strategie zum Öffnen der Muscheln entwickelt. Sie schlagen so lange auf die Schale ein, bis diese aufbricht. Man sieht ihren Schnäbeln an, daß sie durch die ständigen Hammerschläge abgestumpft und auch verkürzt sind. Eine dritte Gruppe von Austernfischern hat spitze, pinzettenartig ausgezogene Pfriemschnäbel, mit denen sie geschickt Würmer im Untergrund aufspüren können. Sie haben sich ihrerseits

Im Prachtkleid ist der Eidererpel ein kontrastreich gefärbter Vogel, während das Weibchen braun gebändert und tarnfarbig ist. Die feinsten Eiderdunen verwendet es, um sein Nest auszupolstern. Im Sommer nach der Brutzeit versammeln sich die Eiderenten in riesigen Verbänden in bestimmten Regionen des Wattenmeeres, um ihr Gefieder zu wechseln. Da sie sich vorwiegend von Muscheln ernähren, sind sie den Muschelfischern ein Dorn im Auge.

auf diese Technik spezialisiert und stochern überall im Watt, in den Prielen oder auf dem Grünland nach ihrer Beute. Man benötigt ein sehr stark vergrößerndes Fernrohr oder Spektiv, um nach einiger Übung die drei verschiedenen Schnabelformen erkennen zu können.

Fast immer zu zweit – Brandenten

Zwei auffällig kontrastreich gefärbte Enten fliegen ins Watt hinaus. Der vordere Vogel ist deutlich kleiner als der Partner. Es ist eine Brandente, ihr folgt der Erpel. Sie tragen beide ein rostrotes Querband um den Vorderkörper. Kopf und Schwingen sind schwarz, Schnabel und Beine leuchten rot. Beim Erpel bildet sich zur Fortpflanzungszeit auf dem Schnabelansatz ein roter Höcker. Sofort nach dem Landen beginnt die Ente mit der Nahrungsaufnahme. Sie hält dabei den Kopf vor dem Körper gesenkt, mit dem Schnabel nimmt sie aus der obersten Schicht des Bodens den feinen Schlick auf, aus dem sie mit ihrem Seihapparat die Nahrungstiere herauszusieben vermag. Ihre Hauptnahrung besteht aus den kleinen Wattschnecken und Plattmuscheln. Sie kommen in großen Mengen vor, so daß die Brandente reichlich Nahrung findet. Bei der Nahrungssuche geht sie langsam vorwärts und hinterläßt beim Seihen links und rechts von ihrer Körperachse halbkreisförmige Spuren.

Sturztaucher am Priel

Am Priel, der noch reichlich Wasser führt, sieht man jetzt die eleganten Seeschwalben fliegen. Eine Küstenseeschwalbe zieht am Wasser entlang. Sie schaut mit ihrem Kopf deutlich

sichtbar auf die Wasserfläche hinab, rüttelt plötzlich und stürzt sich kopfüber ins Wasser. Mit einem kleinen, silbrigen Fisch im Schnabel taucht sie wieder auf und fliegt damit zur nahen Brutkolonie, um die Beute dem brütenden Partner auf dem Nest zu übergeben. Wenn schon Jungvögel gehudert werden, wird der Fisch an diese weitergereicht, sonst verspeist ihn der Altvogel selber.
Viele Vogelarten, zahllose Individuen ernähren sich im Watt. Und doch werden alle satt! Ein leicht zu erreichendes und reichhaltiges Nahrungsangebot steht zur Verfügung und scheint niemals auszugehen. Allerdings sind die Vogelarten auch jeweils auf bestimmte, in den verschiedenen Wattregionen und -schichten vorkommende Beutetiere spezialisiert.

Spurensicherung im Watt

Überall im Watt finden wir Spuren. Watvögel haben in der Regel Trittsiegel mit drei Zehen, während sie bei anderen Arten wie Enten, Gänsen, Möwen und Seeschwalben zusätzlich Schwimmhäute aufweisen. Ohne Vorkenntnisse können die einzelnen Spuren nicht so leicht bestimmt werden, aber wenn man einen Vogel an einem bestimmten Ort im Watt beobachtet hat und seine Spur dann gezielt aufsucht, ist der Fußabdruck zugeordnet. Um Vergleiche zu ermöglichen, muß man ihn auf irgendeine Weise fixieren:

- Fotografieren sollte man solche Spuren möglichst im Seitenlicht bei kleiner Blende, damit die Konturen schärfer werden.
- Beim Vermessen werden die Zehenlängen und die Winkel zwischen den Zehen ermittelt.
- Wer aber den Fußabdruck mit nach Hause nehmen möchte, benötigt mehr: etwas Gips, einen Plastikbecher, einen Rührstab, eine Schablone aus Pappstreifen, am besten von einer zerschnittenen Milchpackung, und etwas Wasser.

Auf den Rippelmarken sind Vogelspuren zu erkennen. Deutlich drücken sich drei Vorderzehen ab. Zwischen der Außen- und der Mittelzehe spannt sich ein kleiner Hautlappen als Andeutung einer Schwimmhaut. Dem versierten Spurenkenner offenbart sich dies als Trittsiegel des Austernfischers.

Wie gewinnt man einen Abguß?

Der Fußabdruck wird mittels der Schablone nach außen abgegrenzt. Das Plastikgefäß wird halb mit Wasser gefüllt, dann Gips hineingeschüttet und gut umgerührt! Die dickflüssige Gipsmenge wird vorsichtig von einer Ecke aus in die Schablone gegossen, bis die Schicht etwa 2 cm dick ist. Nach einer halben Stunde ist der Gips genügend erhärtet, und jetzt kann der Abdruck mit der Schablone vorsichtig hochgenommen und in einer Pfütze gereinigt werden.

Lebensader Priel

Während einer Wattwanderung durchschreiten wir nicht nur trockengefallene Schlick- und Sandflächen, sondern müssen ab und zu durch Rinnen waten. Solche Priele, die oft tief in den Boden bis in ältere, verfestigte Schichten eingeschnitten sind, laufen bei Flut schnell voll, und beim Tiefststand der Ebbe enthalten sie als einzige Bereiche des Watts noch Wasser. Dadurch unterscheiden sie sich in ihren Lebensbedingungen grundlegend von den anderen Flächen der Gezeitenzone. Manche Priele, die bisweilen weit in eine Insel hineinreichen, sehen wie Tieflandbäche aus, die mit großen Schleifen und Windungen durch das Watt mäandrieren. Und wie bei den Mäandern eines Tieflandbaches gibt es auch bei Prielen einen Prall- und einen Gleithang: Am Prallhang wird von dem mit Wucht auftreffenden (aufprallenden) Wasser beständig Boden abgetragen (erodiert), am gegen-

Wenn bei Ebbe die meisten Flächen bereits trockengefallen sind, enthalten die Priele als einzige Bereiche des Watts noch Wasser. Wie ein System von Adern durchziehen sie die weiten Flächen und sind voller Leben. Die große Dichte der Wattwurm-Kothäufchen zeigt an, daß wir uns hier im Mischwatt befinden.

überliegenden Gleithang dagegen lagert das sanft dahingleitende Wasser Material ab (sedimentiert). Durch diese gegenläufigen Kräfte von Erosion und Sedimentation verlagert ein Priel ständig seinen Lauf. Im übrigen sind Prall- und Gleithang von recht unterschiedlichen Tieren besiedelt. Am Prallhang finden sich Schlickkrebse in ihren Röhren, bisweilen auch Wollhandkrabben *(Eriocheir sinensis)*, die ihre horizontalen Gänge in die Abbruchkante graben. Auf dem Gleithang taucht als Erstbesiedler der Kotpillenwurm auf. An älteren Gleithängen können Muschelbänke entstehen.

Rückzugsgebiete bei Ebbe

Da ein Priel auch bei Niedrigwasser stets Wasser führt, stellt er zu dieser Zeit ein Rückzugsgebiet für Tiere dar, die sich bei Flut über die Wattflächen verteilen. So finden sich in ihm vor allem zahlreiche Krebs- und Fischarten. Auf dem Grund der Rinnen lagern häufig Muschelschalen, die das mit Macht abfließende Wasser aus dem Boden ausgewaschen hat. Sie können regelrechte Pflaster bilden und sind oft dicht besetzt mit Nesseltieren, Pantoffel- und Käferschnecken, Moostierchen und Seepocken. Im flachen Wasser der Priele tummeln sich meist verschiedene Seevogelarten, die hier reiche Nahrungsgründe finden. Nachfolgend sollen einige typische Tiere, die man in diesen Lebensräumen finden kann, vorgestellt werden.

Tiere, die wie Pflanzen aussehen

Zu den Nesseltieren (Cnidaria) gehören zahlreiche, meist im Meer lebende Arten. Nur einige davon sind in Prielen anzutreffen, und zwar in der Regel als festsitzende Organismen auf Muschelschalen. Für den Laien ist zunächst gar nicht erkennbar, daß es sich wirklich um Tiere handelt. So bildet das Zypressenmoos *(Sertularia cupressina)* – schon der Name deutet auf das pflanzenartige Bild hin – bis 45 cm hohe weißliche oder rötliche Stöcke von strauchartigem Aussehen, die oft größere Flächen rasenartig überziehen. Auf den Verästelungen sitzen Polypen zweireihig angeordnet in kleinen länglich-zylindrischen Gehäusen, in die sie sich völlig zurückziehen können.

Das Zypressenmoos gehört innerhalb der Nesseltiere zu den Hydrozoen. Bei ihnen wechseln gewöhnlich zwei Generationen ab: festsitzende Polypen einerseits und freischwimmende Medusen andererseits. Medusen entstehen durch Knospung und Abschnürung von den Polypen auf unge-

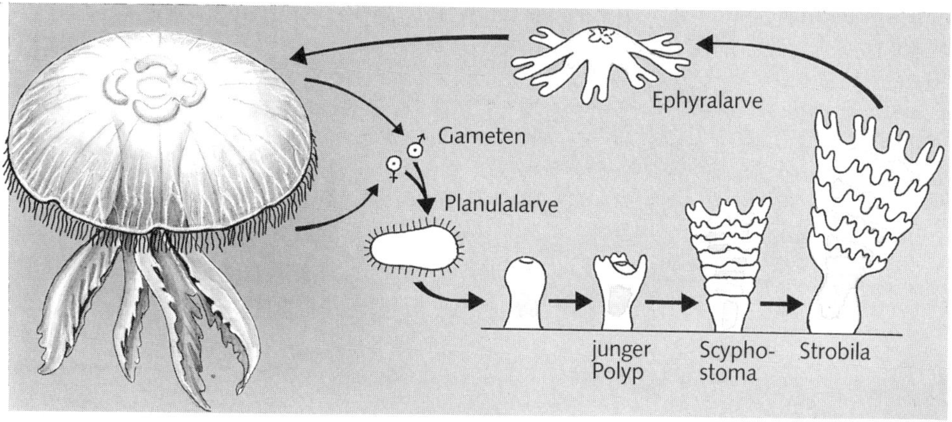

Beim Generationswechsel der Nesseltiere wechseln festsitzende Polypen und freischwimmende Medusen miteinander ab. Polypen entstehen auf geschlechtlichem Wege durch Verschmelzung männlicher (♂) und weiblicher (♀) Geschlechtszellen, Medusen auf ungeschlechtlichem Wege durch Sprossung. Große Medusen sind uns als Quallen bekannt – hier eine Ohrenqualle *(Aurelia aurita)*.

schlechtlichem Wege. Sie selbst bilden Eier und Spermazellen aus. Werden die Eier befruchtet, entstehen kleine planktische Larven. Sie setzen sich nach einiger Zeit z.B. auf einer Muschelschale fest und wachsen zu Polypen heran. Bei manchen Arten leben die Polypen einzeln, bei anderen, so auch beim Zypressenmoos, bilden sie ganze Kolonien.
Mit etwas Glück kann man ein sehr viel auffälligeres Tier auf dem von Muschelschalen gebildeten Hartgrund beobachten: die Seedahlie *(Tealia felina)*. Dieser etwa 5 cm hohe Organismus hat einen Durchmesser bis zu 7 cm, 80 bis 160 Tentakel von 3 cm Länge und sitzt mit einer breiten Fußscheibe fest. Seine Grundfarbe ist graugrün mit roten Längsbändern oder roter Marmorierung, manchmal auch gelb, grün, braun oder rot. Auch die Seedahlie ist ein Nesseltier, zählt aber innerhalb dieser Gruppe zu den Blumentieren (Anthozoa). Bei ihnen fehlt die Medusengeneration, es treten nur Polypen auf. Ihre Nahrung besteht, wie auch bei den Hydrozoen, überwiegend aus sehr kleinen, meist dem Plankton zugehörigen Tieren. Diese werden mit Hilfe spezieller Nesselfäden (Name)!, die auf den Tentakeln oder dem ganzen Körper sitzen, erbeutet. Berührt z.B. ein kleines Krebschen einen Tentakel der Seedahlie, so werden die Nesselfäden ausgeschleudert, durchschlagen mit ihrer stilettartigen Spitze seine Oberfläche und entleeren in seinen Körper ein Giftsekret. Mit den Tentakeln wird die Beute dann zur Mundöffnung geführt; durch sie werden auch unverdauliche Reste wieder ausgeschieden. Zu den Blumentieren gehören weitere Arten, die wir zwar nicht in Prielen finden, die aber erwähnt werden sollen: die Korallen.

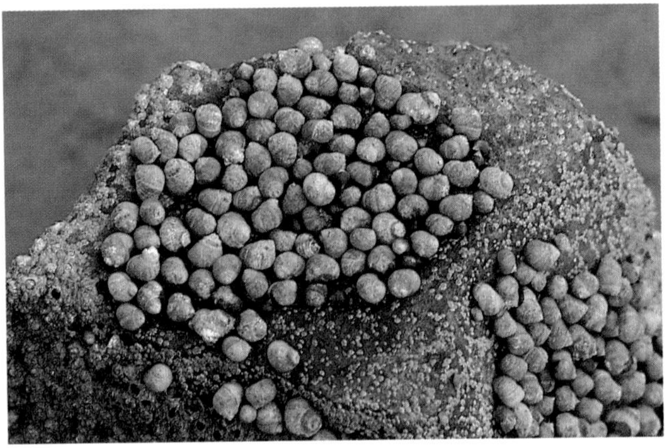

Hartsubstrat, z. B. Muschelschalenpflaster am Grund der Priele oder Steine, beherbergt eine von den weichen Wattböden unterschiedliche Tierwelt. An solchen Stellen konzentrieren sich oft Dutzende von Gemeinen Strandschnecken. Dazwischen sind die kleinen weißlich-grauen Kegel der Seepocken zu finden.

Seepocken stehen Kopf

Ein genauer Blick auf die am Prielgrund liegenden Muschelschalen zeigt, daß viele von ihnen mit zahlreichen kleinen weißlich-grauen Kegeln überzogen sind. Es sind Seepocken. Auch sie identifiziert der Laie nicht unbedingt als Tiere, geschweige denn als Krebse. Es handelt sich aber tatsächlich um festsitzende Krebse, die mit dem Untergrund verwachsen sind. Nicht nur auf den Schalen von Muscheln, Schnecken und Strandkrabben finden sie sich, sondern auch auf Holz, Steinen, Hafenmauern, Molen und Schiffsrümpfen.
Die kleinen, dem Plankton zugehörigen Larven der Seepocken suchen mit einem bestimmten Alter hartes Substrat auf und wachsen dann dort mit ihrem Vorderkopf fest. Die folgende Verwandlung zur Seepocke ist mit der Ausbildung von 6 Kalkplatten verbunden, die den Körper kegelförmig umgeben. Zwei weitere Kalkplattenpaare bilden einen Deckel, mit dem die Öffnung des Kegels verschlossen wird. In seinem Inneren liegt der eigentliche Körper des Krebses. Ist der Deckel geöffnet, so sieht man die Beine des Tieres herausschauen und regelmäßige Greifbewegungen ausführen. Damit filtern sie Nahrung – Plankton und Detritus – aus dem Wasser. Werden die Tiere gestört oder fallen ihre Siedlungsflächen trocken, so verschließen sie ihre Öffnung fest mit dem Deckel. Seepocken erreichen ein Alter von 3 bis 5 Jahren.

Frische Porren, frische Porren!

Vor einigen Jahren konnte man auf der nordfriesischen Insel Föhr regelmäßig einen Händler beobachten, der folgendes ausrief: „Frische Porren, frische Porren, dumendick, finger-

lang! Kumm ma runner, kumm ma runner!" Was er anbot, waren Nordseegarnelen *(Crangon crangon)*, die auch unter dem Namen Granat oder – fälschlicherweise – Krabben bekannt sind. Denn bei Krabben (z. B. Strandkrabben *Carcinus maenas*) handelt es sich um Kurzschwanzkrebse, Garnelen dagegen sind langschwänzig. Beide gehören allerdings zu den Zehnfüßigen Krebsen (Dekapoda), stehen sich also verwandtschaftlich recht nahe. Nordseegarnelen bei einer Wattwanderung im Priel zu entdecken, ist gar nicht leicht, denn sie graben sich meist im Boden ein und schauen nur mit den Augen und Fühlern heraus. Außerdem können sie ihre Farbe dem Untergrund anpassen. Oft sieht man sie nur dann für den Bruchteil einer Sekunde, wenn man ihnen zu nahe kommt. Dann klappen sie ruckartig den Schwanzfächer des Hinterleibes unter den Bauch und schießen rückwärts davon. Eher kann man sie erspüren: Watet man barfuß durch einen Priel, so kribbelt es unter den Fußsohlen!
Werden die Wattflächen bei Flut von Wasser überdeckt, dann verlassen die Garnelen die Priele und verteilen sich über weite Gebiete zur Nahrungsaufnahme. Sie fressen Detritus, Algen und allerlei Getier wie kleine Krebse und junge Borstenwürmer, die sie mit den Scheren ihres ersten Beinpaares ergreifen und mit ihren Mundwerkzeugen zerkleinern. Nordseegarnelen selbst stellen eine wichtige Nahrung für zahlreiche Fische dar. Von den Krabbenfischern der Nordsee werden pro Jahr allein in der Bundesrepublik etwa 30 000 t gefangen.
Die Tiere betreiben Brutpflege: Nach der Paarung, die zweimal während des Sommers und einmal während des Winters stattfindet, tragen die Weibchen die befruchteten Eier 1 bis 3 Monate unter dem Hinterleib. Die geschlüpften Larven gehören dem Plankton an und gehen nach 4 bis 6 Wochen zum Bodenleben über. Durchschnittlich leben Garnelen 3 Jahre, währenddessen jedes Weibchen 30 000 bis 40 000 Eier ablegt.

Fische im Priel

Kann man die bisher beschriebenen Tiere überwiegend ganz regelmäßig in den Prielen beobachten, so bekommt man die verschiedenen dort lebenden Fischarten äußerst selten zu Gesicht. Sie alle verteilen sich bei Hochwasser über die Watten und kommen auch in anderen Meeresteilen vor. Unter ihnen sind solche, die vom Ei bis zum Altfisch das Watt besiedeln. Dementsprechend lassen sich diese sogenannten

Standfische ganzjährig dort nachweisen. Zu ihnen zählen z. B. die Aalmutter *(Zoarces viviparus)* und der Seeskorpion *(Myoxocephalus scorpius)*. Andere, wie Flunder *(Platichthys flesus)*, Meeräschen *(Mugil* spp.) und Stint *(Osmerus eperlanus)*, sind nur über Teile des Jahres im Wattenmeer verbreitet, und von manchen trifft man nur die Jungtiere dort an, z. B. von der Scholle *(Pleuronectes platessa)*. Gerade als „Kinderstube" vieler Arten hat das Watt eine sehr große Bedeutung. Schließlich sind noch die mehr oder weniger regelmäßig auftauchenden „Gastfische" wie Dorsch *(Gadus morhua)* und Nagelrochen *(Raja clavata)* zu nennen.

Zum typischen Bild der Nordseeküste gehören auch die Fischkutter: Hier ist ein Krabbenfischer unterwegs, der Nordseegarnelen fängt. Bei 30000 t pro Jahr allein in der Bundesrepublik ist die Garnelenfischerei ein nicht zu unterschätzender Wirtschaftsfaktor. Auch das sollte beim Bemühen um die Reinhaltung des Meeres im Auge behalten werden! Überfischung wirkt sich allerdings negativ aus.

Die lebenden Jungen der Aalmutter

Die Aalmutter ist bei Hochwasser vor allem in Seegrasbeständen anzutreffen. Der 30 bis maximal 50 cm lange Fisch, dessen Gräten durch einen Farbstoff (Vivianit) grün gefärbt sind, hat eine schleimige Haut mit verkümmerten Schuppen. Nach der Paarung und einer Tragzeit von 4 Monaten bringen die Weibchen 30 bis 400 vollausgebildete Junge zur Welt, die nach „Aalmuttermanier" sofort zum Leben am Boden (Grundfische) übergehen. Die Tiere werden 3 bis 4

Jahre alt und ernähren sich von Kleinkrebsen, Würmern und kleinen Fischen. Zu den Kleinfischen, die von ihnen gefressen werden, gehört auch die Sandgrundel *(Pomatoschistus minutus)*. Auch sie lebt als Grundfisch, manchmal in kleinen Schwärmen.

Die von den Weibchen an die Innenseite leerer Muschelschalen abgelegten Eier werden vom Männchen etwa 9 Tage lang bis zum Schlüpfen der Larven bewacht. Wenn im Herbst die Temperaturen im Wattenmeer gegenüber der freien Nordsee absinken, wandern die Tiere in tiefere Zonen, um dort den Winter zu verbringen.

Die Beobachtung einer Sandgrundel (der Fisch heißt auch Sandküling) fördert interessante Verhaltensweisen zutage. Am Boden ruhend, stützt sich das Tier auf die ausgefalteten Brustflossen auf, während die beiden unpaaren Rückenflossen nach hinten angelegt sind. Mit den dunklen, etwas vorstehenden Augen kann es dabei ein weites Blickfeld rundum überschauen. Kommt ein Artgenosse zu nah heran, geschieht etwas Auffälliges: Beide richten ihre Rückenflossen auf und zeigen den kleinen dunklen, wie ein Auge aussehenden Fleck an der Basis der ersten Rückenflosse. Damit signalisieren sie sich wohl gegenseitig: Komm mir nicht zu nahe!

So bunt wie ein Tropentier: der Leierfisch

Sehr lebhaft gefärbt und ebenfalls am Grund anzutreffen ist der Gestreifte Leierfisch *(Callionymus lyra)*. Auf seinem breiten Kopf mit kleinem Maul stehen die Augen schräg nach oben gerichtet. Die Tiere leben im Watt auf Sandgrund und finden sich bei Niedrigwasser in den Prielen ein; ihre Eiablage

Zu den vielen im Watt anzutreffenden Fischarten zählt auch der Gestreifte Leierfisch – hier das Portrait eines Männchens –, der wie ein Vertreter aus der Tropenwelt anmutet. Auf dem Sandgrund liegend, kann er mit seinen schräg nach oben gerichteten Augen die Umgebung gut überblicken. Durch das netzförmige Muster auf der Körperoberfläche wird das Tier quasi in „Einzelteile" aufgelöst und ist schwer zu erkennen.

erfolgt allerdings in 20 bis 40 m Tiefe. Die Männchen veranstalten vor den Weibchen einen regelrechten „Hochzeitstanz", und dicht aneinandergeschmiegt steigt dann das Paar während des Ablaichens an die Oberfläche. Eier und Larven leben pelagisch, d. h. im freien Wasser, bevor die Jungfische mit einer Länge von 10 mm zum Leben am Boden übergehen. Die Männchen erreichen im ausgewachsenen Zustand eine Länge von 30 cm und sind viel bunter gefärbt als die bis 25 cm langen Weibchen.

Die Kinderstube der Schollen

Als letzte Fischart sei hier die zu den Plattfischen gehörende Scholle angesprochen, die vielen Feinschmeckern nur in der „bratpfannenreifen" Form bekannt ist. Die Tiere legen ihre Eier im tieferen Wasser vor dem Wattenmeer ab, und es schlüpfen dann ganz normale Fischlarven, die mit einem Dottersack ausgestattet sind. Sie schwimmen zunächst im freien Wasser und ernähren sich einige Tage vom Dottervorrat. Ist ihre „Mitgift" verbraucht, beginnen sie aktiv Beute zu fangen: sehr kleine Planktonorganismen.

Zu diesem Zeitpunkt sind die anfänglich unzählbaren Larvenbestände schon sehr stark dezimiert. Die Übriggebliebenen gelangen zum erheblichen Teil mit der Flut ins Wattenmeer und nehmen dort in wenigen Tagen die typische Plattfischgestalt an. Dabei wandert eines der beiden Augen über die Rückenseite des Kopfes auf die andere Körperseite hinüber. Die Jungfische schwimmen nun auf einer Seite liegend und gehen zum Bodenleben über.

Bei Ebbe sammeln sie sich in den Pfützen der trockengefallenen Flächen. Dort sind sie von großen Freßfeinden, die dann hauptsächlich in den Prielen zu finden sind, räumlich getrennt und verfügen über ein sehr gutes Nahrungsangebot. Scheint die Sonne, so heizt sich das Wasser der Pfützen auf, was ein schnelleres Wachstum der Jungfischchen mit sich bringt. Übersteigen die Temperaturen allerdings einen bestimmten Bereich, geraten sie in Lebensgefahr, aus der sie nur eine baldige Flut retten kann. Mit zunehmendem Wachstum verlassen die jungen Schollen nach und nach die Pfützen und gehen zu einem Leben in den Prielen über, die sie regelmäßig bei Flut verlassen, um auf den Wattflächen Nahrung zu suchen. Später wandern sie aus dem Wattenmeer in tiefere Zonen.

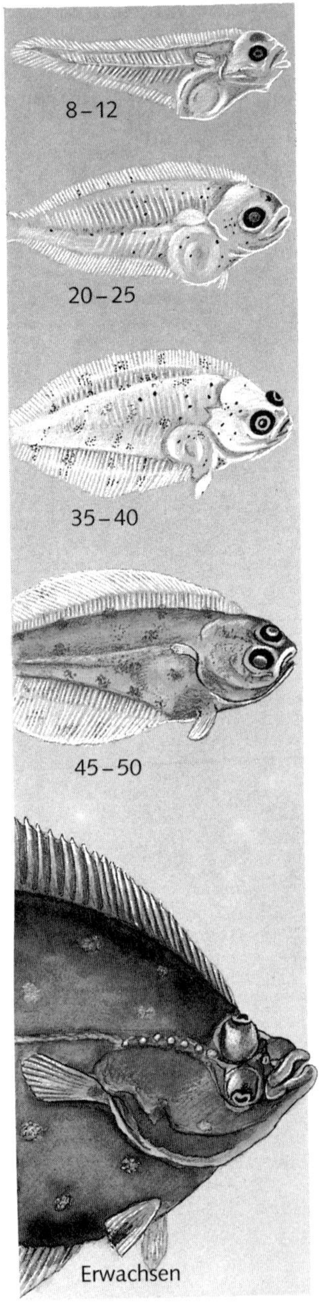

Muscheln und nochmals Muscheln

Auf Erkundungstour

Jetzt sind wir bereits ein paar Tage auf der Ferieninsel, viel haben wir schon unternommen. Heute steht eine große Wattwanderung auf dem Programm, deren Titel uns gelockt hat: Muscheln und nochmals Muscheln! Miesmuscheln kennen wir aus dem Fischrestaurant, auch die Auster haben wir schon geschlürft, doch die soll es gar nicht mehr geben in der Nordsee. Die vielen anderen kleinen Schalen aber, die wir gestern noch auf dem Spaziergang am Strand an der Seeseite der Insel gefunden haben, sind uns gänzlich unbekannt. Wir machen uns auf den Weg. Drei Stunden vor Niedrigwasser soll die Exkursion beginnen. Der Wattführer, ein Zivildienstleistender eines Naturschutzvereins, begrüßt uns: „Muscheln sind das Thema unserer heutigen Wanderung. Ich hoffe, Sie werden Interessantes über diese Tiere erfahren. Vorweg einige Verhaltensregeln..." Und dann setzt sich die Gruppe von etwa 20 Leuten in Bewegung. Zuerst müssen wir eine schlickige Stelle in Hafennähe passieren. Bis zu den Knien versinken wir im tiefschwarzen, etwas nach faulen Eiern stinkenden Wattboden. Eigentlich muß man sich ja wundern, daß hier überhaupt Tiere leben können. Die Bedingungen scheinen alles andere als lebensfreundlich. Den ganz

Seite 52:
Die aus den Eiern der Scholle schlüpfenden Larven sind zunächst symmetrisch gebaut und leben pelagisch, d.h. im freien Wasser (Stadium 1 und 2, von oben nach unten). Im Laufe der Zeit bekommen sie ihre typische Plattfischgestalt und gehen zum Bodenleben über (Stadium 3 und 4). Angegeben ist jeweils das Alter der Tiere in Tagen.

Das Sammeln von Muscheln während eines Spaziergangs am Nordseestrand bereitet sowohl Kindern als auch Erwachsenen viel Freude. Verschieden große und unterschiedlich gefärbte Muschelschalen können wir finden. Die meisten der angetriebenen Schalentiere sind bereits tot, freigespült durch die Kraft der Wellen oder als Überreste einer Vogelmahlzeit. Einige sind stumme Zeugen für das ehemalige Vorkommen ausgestorbener Muschelarten. Die Austernschale ist ein Beispiel dafür.

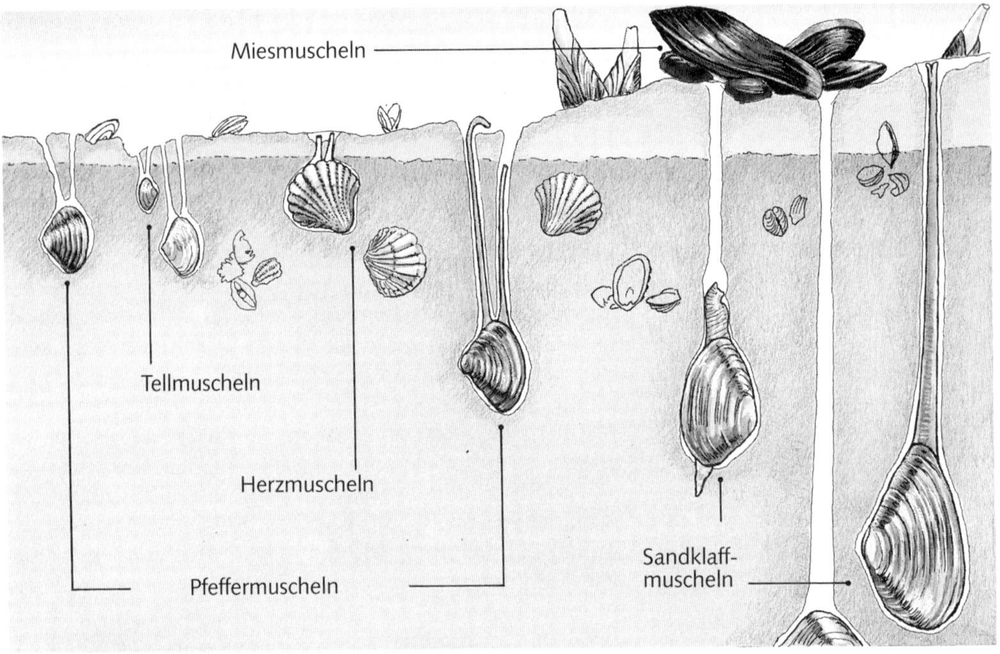

schlickigen Bereich haben wir bald hinter uns gebracht, jetzt sinken wir nur noch knöcheltief ein. Aber immer noch keine Spur von Muscheln, soweit das Auge reicht. Wären wir nur an den Sandstrand gegangen, da lag doch alles voll Muschelschalen.

„Was sind das eigentlich für große Löcher hier im Schlick?" fragt einer von uns. In der Tat, 1 bis 2 cm große ovale Löcher sind im Wattboden zu entdecken. „Da ist sie ja schon, die erste Muschel, die ganze Zeit habe ich nach ihr gesucht", begeistert sich unser Wattführer. „Muschel? Wo denn?" wollen wir wissen. Also ans Werk. Jetzt verstehen wir auch, warum der Wattführer eine Grabforke mitgenommen hat. Ganz schön tief muß er buddeln, doch bei etwa 40 cm Tiefe hält er inne. Fast 15 cm lang ist das gefundene Schalentier, ausgestattet mit 2 weißgrauen Klappen, die sich nicht einmal ganz schließen, sie klaffen. Zwischen den geschlossenen Schalenhälften findet nicht der ganze Körper Platz. Sandklaffmuschel *(Mya arenaria)* ist der Name dieser größten Muschel im Wattenmeer. Sie siedelt gerne im Schlick- und Mischwattbereich. Hier kann man bis zu 150 Individuen auf 1 m^2 zählen. An der Oberfläche sieht man in der Regel wenig

Viele Muscheln liegen verborgen und geschützt im Wattboden. Nur die Miesmuschel bewohnt die Oberfläche. Im Wattquerschnitt können wir erkennen, daß die einzelnen Arten unterschiedlich tief eingegraben sind. Über den Sipho stehen sie mit der „Oberwelt" in Verbindung. Tell-, Herz- und Pfeffermuschel benutzen zwei getrennte Schnorchel, bei der Sandklaffmuschel sind diese verwachsen. Mit Hilfe ihres Graborgans, des Muschelfußes, können sich die Tiere immer wieder eingraben oder sich in der Tiefe bewegen. Bei den Sandklaffmuscheln können das nur kleine Exemplare. Werden größere freigespült, dann werden sie das Opfer eines Vogels oder sterben ab.

Die Sandklaffmuschel ist die größte Muschelart im Wattenmeer und kann 15 cm Schalenlänge erreichen. Sie lebt tief verborgen im Schlickwatt. Am Prielrand geschieht es zuweilen, daß die Tiere durch starke Strömung freigespült werden. Sie können sich nicht mehr in den Schlick zurückziehen und sterben. Doch selbst die leeren Schalen sind wichtig. Die Sandgrundel, ein Bodenfisch des Wattenmeeres, heftet ihre Eier an die Innenseite einer solchen Schale. Das Eigelege wird anschließend vom Männchen bewacht.

von ihnen, nur die runden Löcher im Watt verraten ihre Anwesenheit.

Die Sandklaffmuschel ist ein Filtrierer, d.h. sie steht mit einem Schnorchel, dem sogenannten Sipho, mit der „Oberwelt" in Verbindung. Genaugenommen sind es zwei Schnorchel, ein Ein- und ein Ausströmsipho. Beide sind jedoch bei der Sandklaffmuschel in ihrer ganzen Länge miteinander verbunden und können bis zu 50 cm lang werden. Daher finden wir auch nur eine Öffnung auf der Wattoberfläche.

Der Wattführer hat inzwischen eine weitere Klaffmuschel ausgegraben und streicht mit dem Finger über ihren Mantelrand: Sacht fährt sie ihren Schnorchel aus. Wir können es fast nicht glauben, daß der Sipho so lang werden kann. Warum die Tiere ihren Schnorchel auf das Streicheln hin ausfahren, bleibt unerklärlich. Beim plötzlichen Zusammenziehen des Siphos spritzt eine kleine Wasserfontäne aus seiner Öffnung. Jetzt verstehen wir den Ursprung der vielen kleinen Fontänen, die uns schon vorhin auffielen. Wandern wir über den Wattboden, so erzeugen wir Erschütterungen. Die Muscheln ziehen ihren Schnorchel ruckartig ein, und das darin befindliche Wasser wird nach oben ausgespritzt. An manchen Küstenstrichen werden die Muscheln daher auch „Pisser" genannt.

Wir gehen ein Stück weiter. Am Prielrand finden wir ein ganzes Feld toter Klaffmuscheln, alle noch aufrecht im Boden steckend. Anscheinend sind die Muscheln durch die starke Strömung freigespült worden und gestorben. Tiere bis zu einer Größe von 5 cm haben noch einen gut ausgebildeten „Fuß", so nennt man ihr „Graborgan", mit dessen Hilfe sie in der Lage sind, sich aktiv im Schlick fortzubewegen. Ausgewachsene Tiere können allerdings höchstens mit dem Sipho leichte Niveauveränderungen des Wattbodens ausgleichen, ihr Fuß ist zurückgebildet. Werden sie durch starke Strömung freigespült, so müssen sie sterben.

Wenn das Watt knistert

Interessant, wieviel man unter fachkundiger Anleitung erfahren kann. Lange genug haben wir bei den Klaffmuscheln zugebracht, doch jetzt müssen wir weitergehen, denn die Gezeiten sind unser Zeitgeber bei der Wanderung. Der Wattboden wird etwas fester, wir befinden uns in einem Mischwatt mit leichter Schlickauflage im Schutze eines Sandrükkens. Wer barfuß geht, spürt unter den Fußsohlen die ersten Herzmuscheln *(Cerastoderma edule)*.

Wir bleiben stehen, und der Wattführer fordert uns zu einer Lauschminute auf. Plötzlich vernehmen wir es alle: das feine Wattknistern. Einige hundert Herzmuscheln siedeln hier auf 1 m^2 Wattboden. Dicht an dicht können wir sie in flachen Pfützen mit etwas Glück schon anhand ihrer Spuren im Kieselalgenrasen erkennen. Beim genauen Hinsehen bemerken wir jetzt an vielen Stellen 2 kleine rundliche Öffnungen im Wattboden. Unsere Vermutung ist richtig: Die größere rührt vom Einströmsipho, die kleinere vom Ausströmsipho. Bei der Herzmuschel sind die Schnorchel getrennt. Das Knistern entsteht, wenn beim Einziehen der Schnorchel ein kleines Gasbläschen zerplatzt.
Mit ihren kurzen Schnorcheln strudelt die Herzmuschel bei Überflutung das Wasser durch ihren Körper. Gleichzeitig wird Sauerstoff und Nahrung aufgenommen. Die Kiemen filtern das Wasser durch, und genießbares Material wird zurückbehalten. Feine Flimmerhärchen führen es zu einer inneren Mundöffnung. Ungenießbare Bestandteile werden wieder ausgeschieden. Damit dieses Material nicht gleich wieder eingestrudelt wird, schleudert die Muschel den „Dreck" zusammen mit dem Kot mit Schwung davon, indem sie die Schalenhälften ruckartig zusammenzieht. Mit etwas Wasser können wir die Herzmuscheln leicht aus dem Watt herausspülen. Sie siedeln nur 1 bis 3 cm tief. Jetzt sind die Schalenklappen fest geschlossen, wir können weder Schnorchel noch Fuß erkennen. Da hilft auch kein Streicheln wie bei der Klaffmuschel.
Unsere Muscheln sind 3jährig; dies können wir an den Jahresringen auf der Schale ablesen. Nachdem jeder von uns lange genug versucht hat, eine Muschel zum Öffnen ihrer Schalenhälften zu bewegen, legen wir sie wieder zurück auf den Wattboden. Wir alle sitzen gespannt in der Hocke. Es dauert nicht lange, und die ersten Muscheln bewegen sich. Wir schauen auf die Uhr. Immer mehr Herzmuscheln bewegen sich; ein ruckartiges Öffnen der Schalen, ein leichtes Hin- und Herschaukeln, und schon ist die Muschel ein Stückchen im Sediment versunken. Greifen wir uns in diesem Augenblick vorsichtig eines der Tiere, dann gelingt es manchmal, ihren ausgefahrenen Fuß zu sehen.
Ganze 3 Minuten hat es gedauert, bis sich alle Schalentiere wieder eingegraben haben. Eile haben sie auch dringend nötig, denn liegt eine Herzmuschel ungeschützt auf dem Wattboden, kann sie schnell zur Beute eines Vogels werden.

Fressen und gefressen werden

Siebt man 1 m^2 Wattboden bis zu einer Tiefe von 40 cm durch und legt alle lebenden Tiere auf eine Waage, so findet man im Durchschnitt 300 g lebende Substanz. Sie stellt die tierliche Biomasse dar. Zieht man das Schalengewicht der Muscheln und Schnecken ab, so bleiben etwa 100 g übrig. Bei einem Wassergehalt von 70 bis 80 % resultiert ein Trockengewicht von 25 g/m^2. Dies ist ein gutes Maß für die Beschreibung der Produktivität von Tier- oder Pflanzengemeinschaften. Vergleicht man diesen Wert z. B. mit der tierlichen Biomasse aus anderen Lebensräumen, so ist er enorm hoch; nur Korallenriffe produzieren mehr.

Neben der Miesmuschel hat die Herzmuschel an dieser Produktion einen sehr großen Anteil. Wie alle anderen Muscheln besitzt auch sie ein planktisches Larvenstadium, den sogenannten Veliger. Im Hochsommer verwandelt sich diese Larve, es wachsen ihr Schalenklappen, und die Muschelbrut fällt zu Boden. Noch im ersten Sommer wachsen die Muschelkinder schnell zu einer Größe von bis zu 1 cm heran. 20 000 junge Herzmuscheln kann man pro m^2 finden. Schon im Herbst des gleichen Jahres kann ihre Zahl auf ein Viertel der Ausgangsmenge sinken. Manchmal werden nur wenige von ihnen 1 Jahr alt. Selten werden Muscheln, die in der Nähe der Niedrigwasserlinie siedeln, bis zu 10 Jahre alt. Was ist die Ursache für diese geringe Überlebensrate, besonders im ersten Lebensjahr? Drei mögliche Erklärungen kann man heranziehen, doch nur eine ist ausschlaggebend. Herzmuschelbrut tritt in allen Wattarten auf. Spezifische Anforderungen an den Wattboden werden nicht gestellt. Die Überflutungsdauer hat lediglich einen Einfluß auf das Wachstum, nicht aber auf die Sterblichkeit. Auch die Nahrungskonkurrenz verschieden alter Muscheln in einer Kolonie ist wenig wirkungsvoll. Während der Überflutungsphase werden alle in gleicher Weise vom Wasser umspült, und jede Muschel kann genügend Nahrung aufnehmen. Stark dezimierend wirkt sich allein der Feinddruck auf die Entwicklung der Muschelbrut aus. Dies ist leicht zu überprüfen. Stellt man einen schützenden Drahtkäfig mit geringer Maschenweite über ein junges Herzmuschelfeld, so kann man beobachten, daß sich die Muscheln unter ihm vollzählig entwickeln und schnell heranwachsen.

Ganz kleine Muscheln mit einer Größe bis zu 2 mm haben die meisten Feinde. Junge Strandkrabben, der Seeringelwurm, die Garnele und kleine Schollen sowie andere Plattfische dezimieren die Brut. Je größer die Muscheln, um so

Biomasse
Menge organischer Substanz in Form der lebenden Pflanzen und Tiere. Sie wird gewöhnlich als Trockengewicht angegeben.

Produktivität
Leistungsfähigkeit eines Lebensraumes. Wir verstehen darunter die Gesamtheit der in Tieren und Pflanzen stattfindenden stofflichen und energetischen Prozesse.

Seite 58/59:
Langsam aber stetig steigt der Wasserspiegel. Die Flut hat eingesetzt. Die Miesmuschelbank liegt größtenteils schon unter Wasser – die ersten Muscheln haben sich geöffnet und filtrieren. Mit einigen gezielten „Hammerschlägen" öffnet ein Austernfischer eine Muschel. Die Mehrzahl seiner Artgenossen hat sich schon auf den Weg Richtung Hochwassersammelplatz gemacht. Mit der Flut lassen sich Eiderenten herantreiben. Erbeutete Strandkrabben schütteln sie so lange hin und her, bis die Beine abfallen, erst dann wird der „Rest" heruntergeschluckt. Miesmuscheln sind jedoch für sie eine begehrtere Nahrung. Sie werden ganz geschluckt und im kräftigen Kaumagen zerrieben.

geringer die Zahl ihrer Feinde. Herzmuscheln mit einer Schalenlänge von 1 bis 3 cm stellen eine wichtige Nahrung des Austernfischers dar. Im Laufe eines Winters können diese Vögel bei einem täglichen Verbrauch von bis zu 300 Herzmuscheln in einem dichten Feld bis zu 40 % des Gesamtbestandes fressen. Austernfischer scheinen die Herzmuschelfelder aber nicht bis zur Erschöpfung auszudünnen. Anders bei den übrigen Beutemachern. Sie fressen die Felder rücksichtslos leer. Muscheln über 3 cm Schalenlänge haben jedoch fast keine Feinde mehr. Herzmuscheln gleichen ihre hohe Jugendsterblichkeit mit einer großen Vermehrungsrate und einer langen Lebensdauer der Übrigbleibenden aus. Die Bestandsschwankungen sind also keine Antwort auf stark wechselnde Umweltbedingungen, sondern hängen einzig davon ab, wieviel Feinde sie haben. Jetzt ist uns allen klar, warum die Herzmuschel verborgen im Wattboden lebt.

Rechts:
An den Rändern großer Priele treffen wir bei einer Wattwanderung auf Miesmuschelbänke. Dicht gedrängt und zusammengeklumpt leben hier Tausende von Muscheln auf dem Wattboden und filtern bei Flut das Nordseewasser. Neben den Nahrungspartikeln werden aber auch große Giftmengen aufgenommen. Austernfischer und Eiderenten sind uns als Miesmuschelfresser wohlbekannt. In den Organen dieser beiden Vogelarten finden sich Schwermetalle der Beutetiere in hohen Konzentrationen wieder.

An der Miesmuschelbank

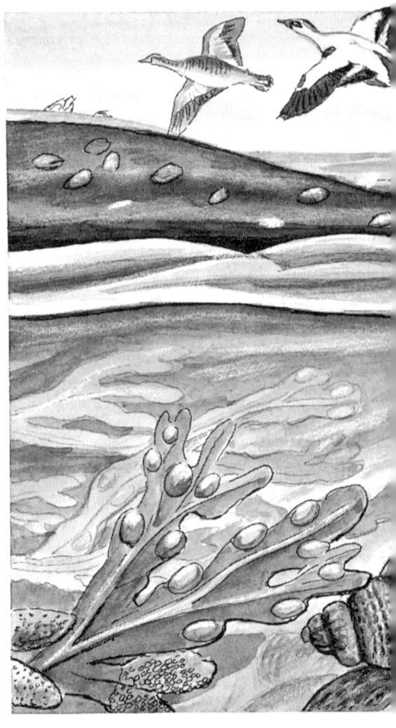

Der Wattführer ruft uns zusammen. Nach einem Marsch durch das Herzmuschelfeld sind wir an einem großen Wattenpriel angekommen. Es ist Niedrigwasser. Schon von weitem sind uns die kleinen Erhebungen in dieser so flachen und ebenen Landschaft an der Prielkante aufgefallen. Miesmuscheln über Miesmuscheln liegen hier auf großen Haufen. Ihr wissenschaftlicher Name ist *Mytilus edulis*. Einige sind mit braunen Algen und anderem Aufwuchs bewachsen. „Sind die eigentlich tot?", fragt einer, „oder warum liegen die hier auf dem Wattboden herum?"
Gerade noch haben wir bei der Herzmuschel gehört, daß der Feinddruck so groß ist, daß sie nicht ungeschützt auf dem Sediment leben können. Und die Miesmuscheln? Nach ersten eigenen Erkundungen ruft uns der Wattführer zusammen. In einem großen Kreis stellen wir uns um einen mit Miesmuscheln bewachsenen Haufen auf. „Hat schon einer eine Erklärung gefunden, warum die Muscheln hier auf dem Wattboden siedeln?", fragt der Wattführer in die Runde, „eigentlich müssen die doch durch die starke Strömung hier am Priel sofort weggespült werden."

Leben am Faden
Hebt man eine Miesmuschel hoch, so findet man schnell eine Erklärung. Es ist gar nicht möglich, ein einzelnes Tier aufzuheben, sofort hat man einen ganzen Klumpen in der Hand. Zwischen den Schalentieren sind feine weiße bis bräunliche

An der Miesmuschelbank

Fäden zu erkennen. Byssusfäden werden sie genannt. Mit Hilfe einer Drüse am Fuß kann die Miesmuschel diese zugfesten Eiweißfäden bilden. Mit einem Klebsekret versehen heftet sie den Faden vor der Bildung an feste Gegenstände wie Steine, Pfähle oder an die Schale der Artgenossen. Die Muschel hält sich fest, um nicht weggespült zu werden. Doch das ist nicht die einzige Aufgabe der Fäden. Genau betrachtet haben wir nämlich keinen Miesmuschel-, sondern einen Schlickhaufen vor uns. Bis weit über den Ellenbogen steckt der Wattführer seinen Arm in den weichen Boden unter den Miesmuscheln. Mit Hilfe der Byssusfäden können sich die Muscheln immer wieder aus dem eigenen „Dreck" befreien. Sie sind wie die Herzmuscheln Filtrierer. Da sie auf dem Boden leben, benötigen sie keinen Sipho, um mit der „Oberwelt" in Verbindung zu treten. Bei Überflutung öffnen sie ihre Schalenklappen und können durch eine Einströmöffnung Kleinstlebewesen und Detritus aus dem Wasser aufnehmen. Unverdautes wird verfestigt und in Form von Schlickklumpen wieder ausgeschieden. Innerhalb von 2 Jahren kann eine solche Bank 60 cm in die Höhe wachsen.

Byssusfäden
Haftfäden der Miesmuscheln aus Eiweiß. Sie werden in einer speziellen Byssusdrüse am Fuß der Tiere gebildet. Sie dienen dem Festheften am Untergrund oder an Artgenossen.

Das ganze Wattenmeer filtriert

Die Filtrierleistung einer Miesmuschel ist enorm. Etwa 1 Liter Wasser strömt in einer Stunde durch die Kiemen einer einzigen Muschel. Zusammen mit den Herzmuscheln filtern sie im Sommerhalbjahr das gesamte Wasservolumen des Wattenmeeres innerhalb nur einer Woche. Durch diese Filterleistung werden nicht nur Sauerstoff und lebenswichtige Nahrungspartikel, sondern auch gefährliche Giftstoffe aufgenommen. Gerade Miesmuscheln sind hoch mit Schwermetallen und organischen Giften belastet.

Langsam setzt die Flut wieder ein. Knöcheltief stehen wir schon im Wasser. Die ersten Miesmuscheln öffnen ihre Schalen und beginnen zu filtrieren. „Mit dem Feinddruck kann es ja nicht so weit her sein", meint einer aus der Gruppe, „die hier liegen ja höchstens 1 bis 2 Stunden trocken." Aufmerksam beobachtet! Miesmuschelbänke finden sich überwiegend an der Niedrigwasserlinie, zwei Drittel der Bestände gedeihen darunter.

Das Wasser steigt weiter und weiter, wir müssen umkehren. Jetzt ragen nur noch die Spitzen der Miesmuschelbänke aus dem Wasser. Aus einiger Entfernung betrachten wir das Geschehen.

Der Einsiedlerkrebs muß sein Zuhause ständig mit sich umhertragen. Ein leeres Schneckengehäuse verbirgt den weichhäutigen Hinterleib, nur die gepanzerten Beine und Scheren ragen heraus. Bei Gefahr kann er sich auch ganz in das Gehäuse zurückziehen. Will der Krebs wachsen, so muß er sich häuten und eine größere Bleibe suchen. Winzige Stachelpolypen siedeln in dichten Kolonien auf dem Schneckengehäuse. Sie können dem Einsiedler die Umzugsprobleme eine Weile abnehmen, indem sie einfach die Gehäusemündung mit ihrem Kalkskelett vergrößern. Als Gegenleistung haben sie an den Mahlzeiten des Krebses teil.

Verschluckt von Eiderenten

Dumpfe Rufe verraten die nahenden Eiderenten. Miesmuscheln stehen ganz oben auf ihrem Speiseplan. Etwa ein Drittel des eigenen Körpergewichtes, das sind immerhin rund 700 g, frißt eine Eiderente pro Tag. Tauchend gelangen diese Meeresenten an ihre Nahrung. Die Muscheln werden als Ganzes verschluckt und im kräftigen Kaumagen zerrieben. Mit der Nahrung nimmt die Ente 40 bis 60 g Salz pro Tag auf. Die Vogelniere wäre mit der Salzausscheidung vollkommen überfordert. Salzdrüsen übernehmen die Aufgabe. Viele Seevögel besitzen am Kopf über den Augenhöhlen solche Drüsen. Die klare, hoch konzentrierte Salzlösung läuft zur Schnabelspitze. Von hier wird sie mit einer schüttelnden Kopfbewegung weggeschleudert. Doch nicht nur Salz wird aufgenommen, sondern auch die große Giftfracht der Muschel gerät in den Entenkörper und wird teilweise im Fettgewebe gespeichert. Brütende Eiderentenweibchen zehren von ihrem Fettvorrat. Manchmal sterben die Vögel auf dem Nest. Was ist geschehen? Das Körperfett des brütenden Vogels wird abgebaut, die Giftkonzentration steigt und erreicht eine tödliche Dosis.

Auf der Spur der Pfeffermuschel

Jetzt hat die steigende Flut uns erreicht. Wir müssen zurück. Kurz bevor wir die Insel wieder betreten, bleibt der Wattführer ein letztes Mal stehen. Hier, wo die Strömung des Wassers geringer ist, sinken viele Schwebstoffe ab: lebende und tote Organismen und deren Reste. Der schlickige Wattboden ist an dieser Stelle von einem dicken Kieselalgenrasen bedeckt.

Sternförmige Fraßspuren sind auf der Oberfläche zu sehen: die Spur der Pfeffermuschel *(Scrobularia plana)*. Mit der Grabforke brechen wir den Wattboden auf. Wir haben Glück. In einigen Zentimetern Tiefe finden wir die Muschel. Deutlich sind im Schlick zwei Siphogänge zu erkennen. Ein Abdruck endet kurz unterhalb der Oberfläche, der andere reicht bis dorthin. Im wassergetränkten Schlickwatt können wir mit etwas Geschick die Muschel bei der Nahrungsaufnahme beobachten. Dazu schiebt sie den Einströmsipho aus dem Wattboden und saugt wie mit einem Staubsauger unter leicht pendelnden Bewegungen die Sinkstoffe von der Oberfläche ab. Mit dem schlagenden Schnorchel wirbelt sie feinste Partikel auf, die eingesaugt werden können. Auf festerem Wattboden entstehen die sternförmigen Spuren.
Durch diese spezialisierte Ernährungsweise, die wir pipettieren nennen, ist die Pfeffermuschel nicht von einer ständigen Wasserbedeckung abhängig. Sie kann auch hohe Wattbereiche besiedeln. Das Sediment muß nur „dünnflüssig" sein. Dieses Pipettieren ist für die Muschel nicht ganz ungefährlich. Der Sipho muß verständlicherweise ein Stück weiter aus dem Sediment herausgestreckt werden als beim Filtrieren. Besonders in den Mägen junger Schollen findet man Siphostücke in großer Zahl. Sie beißen einfach ein Stückchen davon ab.
„Jetzt knurrt auch mir der Magen", meint ein Teilnehmer, „mehr als 4 Stunden haben wir draußen bei den Muscheln verbracht. Wie im Flug ist die Zeit vergangen, und wir haben es nicht bemerkt." – „Ja, eine interessante Führung", meint der Rest der Gruppe. – „Auch mir hat es Spaß gemacht, Ihnen das versteckte Leben der Muscheln näherzubringen."
Wattwanderungen dieser Art sind nicht überall möglich. Nur an wenigen Stellen kann man den Niedrigwasserstand an einer Muschelbank abwarten. In jedem Fall sollte man sich vor Ort genauestens über die herrschenden Verhältnisse informieren.

Kommt ohne Salz nicht aus: die Salzwiese

Salzwiese oder Salzweide?

Als Wiesen bezeichnen wir ganz allgemein verschiedene Formen von Grünländereien. Sie sind durch die landwirtschaftliche Tätigkeit des Menschen entstanden. Grünland ist folglich Kulturland. Unterbleibt eine Nutzung, so stellt sich im Laufe der Zeit Wald ein. Wenn man dies so ausschließlich sagt, dann ist es nicht ganz richtig. Zwei Ausnahmen hat es schon immer gegeben: die alpinen Matten und die Salzwiesen.

Daß wir heute immer noch von Salzwiesen reden, ist größtenteils nicht mehr korrekt. Denn richtige Salzwiesen findet man nur noch an wenigen Stellen im Wattenmeer. Man muß schon suchen, um sich im Hochsommer an den lilafarbenen Blüten des Strandflieders *(Limonium vulgare)* oder am zartrosa Blütenstand des Tausendgüldenkrautes *(Centaurium littorale)* in einer üppig ausgebildeten Salzwiese erfreuen zu können. Was wir heute vorfinden, können wir meist nur noch als Salzweide bezeichnen.

Treten in einer natürlichen Salzwiese einige Dutzend Blütenpflanzenarten auf, so sind es in den verarmten Salzweiden nur noch einige wenige. Hier prägen Schafe und Rinder das Vegetationsbild ehemals artenreicher Salzwiesen. Nur we-

In den feuchten Bereichen der höher gelegenen Andelzone erblüht im Herbst der geschützte Strandflieder. Nur noch an wenigen Stellen, besonders auf den Halligen, kommt er flächendeckend vor. In stark strukturierten Salzwiesenbereichen mit Abbruchkanten entwickelt sich der blauviolett gefärbte „Halligflieder-Spitzmaus-Rüsselkäfer" auf diesem Bleiwurzgewächs. Leider verführen die trockenhäutigen und gefärbten Kelche der Pflanze allzuhäufig zum Pflücken des Blütenstandes.

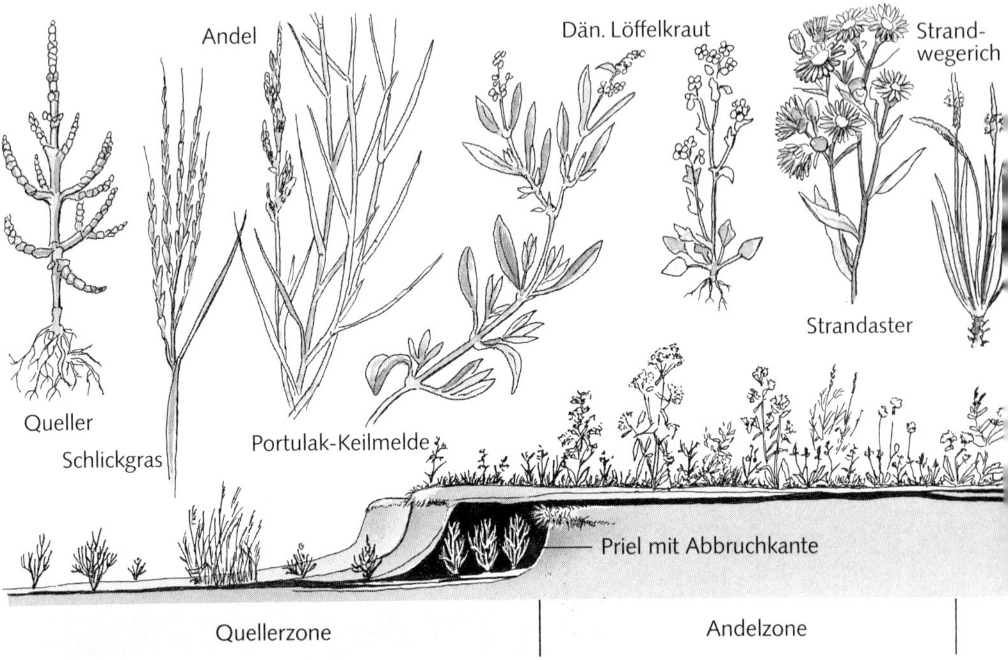

nige Arten wie der Andel *(Puccinellia maritima)* die Bottenbinse *(Juncus gerardi)* und der Strandwegerich *(Plantago maritima)* können dem starken Verbiß und dem Tritt durch das Weidevieh widerstehen. Solche intensiv beweideten Salzwiesen sind kaum etwas anderes als ein dichter Rasen aus wenigen, nicht blühenden Pflanzenarten.
Salzwiese ist übrigens ein Begriff, der auf Nordfriesland beschränkt ist; in Ostfriesland nennen die Bewohner die gleichen Flächen Groden oder Heller.

Salzwiesen – weltweit
Salzwiesen gibt es an vielen Meeresküsten der gemäßigten Zone. Sei es auf Island und Grönland, an den Küsten Norwegens, der Britischen Inseln oder auch in Japan sowie in den Marschen von North Carolina in den USA. Immer gedeihen sie im Einflußbereich von zyklischen Meerwasserschwankungen an den Küsten des Atlantiks, an der Nord- und Ostsee und im Mittelmeergebiet. Die dort lebenden Pflanzengesellschaften sind klar zoniert, abhängig von der Häufigkeit und Dauer der Überflutungen, dem Salzgehalt des Wassers und vom abgelagerten Boden, auf dem sie wachsen. Der

Mag auf den ersten Blick ein wirres Durcheinander von verschiedenen Pflanzenarten auf der Salzwiese herrschen, so erkennt man bei genauerem Hinsehen eine klare Zonierung. Sie ist im wesentlichen eine Folge der Überflutungshäufigkeit und damit des Salz- und Feuchtigkeitsgehaltes des Bodens. Der Queller besiedelt den am tiefsten liegenden Bereich: hier ist der Boden zweimal täglich überflutet. Das Dänische Löffelkraut dagegen ist an offenen Stellen in der höheren Salzwiese anzutreffen. Das Löffelkraut war früher bei den Seefahrern sehr begehrt, da es sehr viel Vitamin C enthält und gegen Skorbut half.

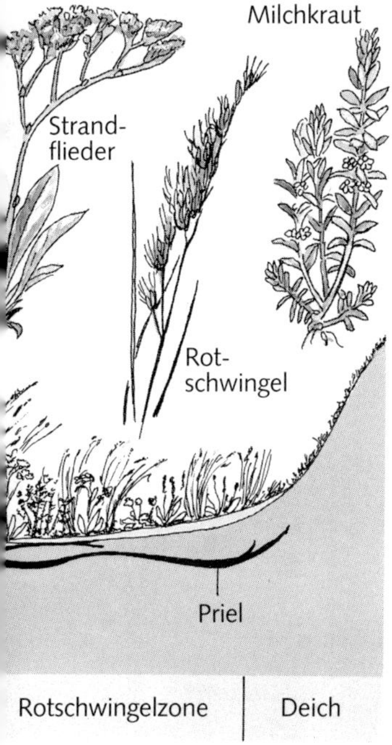

Botaniker findet an den einzelnen Küsten bei den dort vorkommenden Pflanzengesellschaften große Unterschiede, aber auch manche Gemeinsamkeit. Sind die Salzwiesen der Nordseeküste dann überhaupt etwas Besonderes? Was die Größe betrifft, so gibt es sie in jener flächenmäßigen Ausbildung wohl nur an der Nordseeküste.

Die Zonierung

Die meisten der in den Salzwiesen vorkommenden Pflanzenarten werden als Halophyten bezeichnet. Diese brauchen sehr viel Licht und können sich daher in der Regel nur im offenen Gelände entwickeln. Zusätzlich benötigen sie den hohen Nährstoffvorrat des Wattbodens.

Dem täglichen Wechsel von Überflutung und Trockenfallen der Wattoberfläche sind nur wenige Organismen gewachsen. Wie auch auf anderen extremen Standorten findet man hier eine relativ geringe Artenzahl, dafür diese aber jeweils in großer Individuenzahl.

Salzwiesen sind in ihrem Aufbau und in ihrer ökologischen Struktur weitgehend abhängig von ihrer Lage zur Mittleren Hochwasserlinie. Sowohl unter- als auch oberhalb dieser wichtigen „Grenzlinie" nimmt die Anzahl der dort vorkommenden Pflanzen- und Tierarten mit steigender Entfernung zu. Dies ist nicht verwunderlich. Es hängt ganz einfach damit zusammen, daß die Zeit des Trockenliegens und auch der Wasserbedeckung hier in etwa gleich lang ist: ein amphibischer und zudem noch „salzgetränkter" Lebensraum. Die Landorganismen sind durch das Salzwasser gefährdet, den Wasserorganismen fehlt täglich viele Stunden lang das lebenswichtige Element.

Der Lage zur Hochwasserlinie entspricht also die durchschnittliche Zahl der Überflutungen, der Salzgehalt des Bodens und die wechselnde Bodenfeuchtigkeit. Salzwiesen kommen sowohl im Eulitoral als auch im Supralitoral vor. Drei Zonen sind zu unterscheiden. Kommen wir von einer Wattwanderung zurück auf eine Insel, so steigt der Boden unmerklich an, und die ersten Landpflanzen – vereinzelte Exemplare des Quellers (*Salicornia* ssp.) – gedeihen im Grenzbereich zwischen Land und Meer. Diese Quellerzone beginnt etwa 40 cm unterhalb der Hochwasserlinie und endet kurz darüber. Auf den speziellen Anpassungsmechanismus dieser Pflanze an den extremen Standort kommen wir später noch zu sprechen.

Ursprünglich war der Queller die einzige Blütenpflanze

innerhalb dieser Zone. In den zwanziger Jahren wurde dann das Schlickgras *(Spartina townsendii)* eingeführt. Dieses derbe, auffallend hohe und steifblättrige Gras ist eine unfruchtbare Kreuzung zweier Arten, die wahrscheinlich zufällig an der englischen Küste entstanden ist. Die Pflanze wurde für Landgewinnungszwecke – allerdings ohne besonderen Erfolg – überall an der deutschen Nordseeküste angepflanzt und ist heute in der Quellerzone weit verbreitet. Die als Quellerwatt bezeichnete Zone – der Übergangsbereich vom offenen Watt zum Land – wird täglich zweimal überflutet.

Wo der Wattboden weiter inselwärts durch die Sedimentation hoch genug angewachsen ist, haben andere Pflanzen Fuß gefaßt. Das Andelgras ist die kennzeichnende Art dieser Andelzone, auch untere Salzwiese genannt. Dieser Bereich wird etwa 150- bis 200mal im Jahr überflutet. Andel wird im Gegensatz zum Schlickgras von Schafen und Rindern einigermaßen gerne gefressen; es schmeckt süß. Beweidung und Tritt verträgt der Andel sehr gut. Neben dem Andelgras treten in dieser Zone verschiedene andere Halophyten auf. Der Strandwegerich *(Plantago maritima)* und der Stranddreizack *(Triglochin maritima)* sind hier zu Hause. Im unbeweideten Zustand können diese Arten zusammen mit dem Milchkraut *(Glaux maritima)* und der Flügel-Schuppenmiere *(Spergularia media)* üppige, blühende Bestände ausbilden. Grast allerdings eine Schafherde auf solchen Flächen, dann muß man diese Pflanzen im kurzgeschorenen Grün suchen. Strandwegerich und Stranddreizack werden übrigens gerne von den Ringelgänsen gefressen, aber davon später mehr.

Halophyten
Pflanzen, die salzhaltige Standorte an den Meeresküsten, im Binnenland und an den Rändern von Salzsteppen besiedeln.

Ein auffälliges Vorkommensmuster besitzt die Portulak-Keilmelde *(Halimione portulacoides)*. Die Pflanze benötigt eine gute Sauerstoffversorgung des Bodens und wächst daher vor allen Dingen an Prielrändern. An günstigen Standorten dominiert sie und bildet kniehohe Zwergstrauchgestrüppe. Sie ist neben dem Meerstrand-Beifuß *(Artemisia maritima)* die einzige Pflanzenart der Salzwiese, die an der Triebbasis verholzt. Da die Keilmelde keinerlei Beweidung verträgt, wächst sie ausschließlich dort, wo es kein Weidevieh gibt.

In den wenig entwässerten Salzwiesen, besonders auf den Halligen, gedeiht in der oberen Andelzone der Strandflieder. Im August sind dann die „Halligfliederwiesen" in ein lilafarbenes Blütenmeer verwandelt. Leider verlocken diese Blüten viele Besucher zum Abpflücken. Da es sich um eine gefährdete Pflanzenart handelt, die nur an wenigen Stellen innerhalb der Salzwiese zu Hause ist, sollte man sich lieber an den

Die Strand-Grasnelke gedeiht sowohl in den Grünstreifen der Autobahnen als auch in den Salzwiesen der Küste. Beide Standorte haben eines gemeinsam: sie sind salzhaltig und werden nicht beweidet. Ausgedehnte Grasnelkenwiesen findet man nur noch an wenigen Stellen: es sind vornehmlich die unbeweideten Mähwiesen der Halligen. In intensiv beweideten Vorländereien fehlt nicht nur die Grasnelke, sondern auch eine Vielzahl weiterer Pflanzenarten, die gegen Tritt und Verbiß empfindlich sind.

Blüten der Pflanze an ihrem Standort erfreuen und vielleicht ein Foto davon mit nach Hause nehmen.

In den schlickigsten Bereichen des Wattenmeeres – das sind besonders die Buchten und Flußmündungen – finden wir die Strandaster *(Aster tripolium)*. Hier kann sie mannshohe Hochstaudenfluren bilden und verwandelt im August die Salzwiesenbereiche in eine blaue Blütenpracht. Besonders am Dollart kann man diese Pflanzenart in großen Beständen antreffen.

Durch die regelmäßige Ablagerung von feinen Sedimenten in der Andelzone wächst die Salzwiese stetig in die Höhe. Hiermit werden günstige Bedingungen für andere Pflanzenarten geschaffen. Die höchsten Bereiche werden nur noch 30- bis 70mal im Jahr überflutet. Hier finden wir die Rotschwingelzone. Sie beginnt etwa 35 cm oberhalb der mittleren Hochwasserlinie. Namengebend ist ein Gras, der Salz-Rotschwingel *(Festuca rubra* ssp. *littoralis)*. Innerhalb dieser oberen Salzwiesenzone treffen wir in unbeweideten Gebieten die Strandbeifuß-Wiese an, die durch die silbergraue Farbe des Meerstrand-Beifußes weithin auffällt. Die aromatische Pflanze wächst hier zusammen mit dem Rotschwingel, der Grasnelke *(Armeria maritima)* und dem Strandflieder. Da der Beifuß ebenfalls sehr beweidungsempfindlich ist, gedeiht er nur noch an wenigen ihm zusagenden Stellen.

Eine spezielle Ausbildungsform der Rotschwingelzone treffen wir im Übergang zu den Dünen auf den Inseln an: die sogenannten Sand-Salzwiesen. Hier herrschen besondere ökologische Bedingungen. Der Boden ist nährstoffarm und die Wasserversorgung gering. Sand-Salzwiesen beherbergen

Das Strand-Tausendgüldenkraut gehört zu den Enziangewächsen und ist in Dünenmulden und Sand-Salzwiesen zu Hause. Auf nährstoffarmen und zeitweise überfluteten Flächen gedeiht diese Pflanze zusammen mit anderen sehr empfindlichen und schützenswerten Arten.

daher eine ganz eigentümliche Flora. Hier wachsen der Erdbeerklee *(Trifolium fragiferum)*, der Salz-Zahntrost *(Odontites rubra* ssp. *litoralis)*, die Dornige Hauhechel *(Ononis spinosa)* und die seltene Lückensegge *(Carex distans)*. Aufgrund des extremen Standortes sind Sand-Salzwiesen in höchstem Grad beweidungsempfindlich.

Wenn wir Pflanzen düngen, dann erwarten wir, daß sie schneller wachsen. Wenn man allerdings mit zuviel Mineraldünger nachhilft, dann kann man eine böse Überraschung erleben. Statt zu wachsen, werden die Blätter schlaff und welk. Was ist passiert? Mineraldünger enthält Nähr„salze". Im Übermaß bedingt er eine sehr hohe Konzentration im Bodenwasser. Als Folge davon wird die Wasseraufnahme der Pflanze vermindert oder sogar unterbunden: Das salzhaltige Bodenwasser entzieht schließlich sogar der Pflanze die Flüssigkeit; die Pflanze welkt.
Wie ist es aber möglich, daß Pflanzen in dem salzgesättigten Lebensraum Salzwiese gedeihen können? Wie alle anderen Pflanzen auch, müssen die Halophyten Nährstoffe in gelöster Form mit dem Bodenwasser aufnehmen. Dies geschieht durch gerichteten Transport (Osmose). Verfügten die Halophyten dabei nicht über besondere Mechanismen, so würden sie wie unsere überdüngte Pflanze verwelken. Sieht man sich aber eine Quellerpflanze an, dann ist sofort klar, daß dies nicht der Fall ist; sie ist prall gefüllt und schmeckt salzig, wenn man sie zerkaut.

Mit allen Tricks gegen das Salz

Halophyten besitzen besondere Stoffwechseleigenschaften als Anpassung an ihren extremen Wuchsort. Sie müssen den sie umgebenden Salzgehalt durch Einlagerung entsprechender Substanzen in den Zellsaft ausgleichen. Der Queller enthält in seinem Zellsaft viel Kochsalz (NaCl), Zuckerverbindungen und organische Säuren. Diese befähigen ihn, trotz des hohen Salzgehalts des Bodens noch Wasser aufzunehmen. Dies hat natürlich seine Grenzen, und bei zu hohen Konzentrationen dringt das Salz ungehindert in die Wurzeln ein und wirkt giftig. Daneben besitzen viele Halophyten einen besonderen Mechanismus der Nährstoffaufnahme. Doch damit nicht genug. Was passiert mit überschüssigem Salz? Verschiedene Formen der Regelung sind uns bekannt. Die einfachste Möglichkeit liegt bei der Bottenbinse vor.

Warum der Queller Queller heißt

Der Queller ist eine Charakterpflanze der Salzwiese. Er gedeiht sogar in der tagtäglich überfluteten Kampfzone zwischen Meer und Land. Auf der Pflanze sind die winzigen Blüten als kleine gelbe Punkte zu erkennen. Insekten sind für die Bestäubung nicht notwendig, ihre Aufgabe übernimmt der Wind. Im Frühsommer keimt der Samen, und die heranwachsenden Pflanzen bedecken die tiefliegenden Wattbereiche flächenartig. Im höheren Watt trägt der Queller wesentlich zur Aufschlickung des Sedimentes bei. Im Spätsommer verfärbt er sich intensiv rot und stirbt ab.

Sukkulenz
Fähigkeit von Pflanzen, Wasser in ihrem Gewebe zu speichern; bekannt von Kakteen aus Trockengebieten. Halophyten nutzen diese Fähigkeit, um durch Wassereinlagerung die Salzkonzentration in ihrem Gewebe zu reduzieren.

Überschüssiges Salz wird in die alten Blätter eingelagert, und diese sterben ab. Der Blattverlust wird durch Neubildung ausgeglichen.
Schon etwas komplizierter ist die Verdünnung der Salzkonzentration durch Wassereinlagerung, was wir Sukkulenz nennen. Viele Salzpflanzen haben fleischig verdickte Sprosse und Blätter. Der Queller ist das beste Beispiel. Er besitzt im Gewebe eine erhöhte Zahl von Zellen, in denen Wasser gespeichert werden kann. Dies führt zu einer Verdünnung der Salzkonzentration des Zellsaftes. Der Queller „quillt" im Laufe des Sommers; so erklärt sich sein Name. Die herbstliche Rotfärbung geht mit einer überhöhten Salzkonzentration einher, so daß nicht mehr genügend Nährstoffe aufgenommen werden können. Der Queller stirbt ab.

Ausscheidung durch Haare und Drüsen
Noch komplizierter ist die Salzausscheidung durch eigens dafür vorgesehene Haare. Die Portulak-Keilmelde und verschiedene andere Meldenarten besitzen an den Blättern speziell gebaute Blasenhaare. Sie bestehen aus einer Stielzelle und einer Blasenzelle; in letztere wird das Salz aktiv hineintransportiert. Die „salzgefüllten" Haare werden häufig abgeworfen und erneuert.
Salzausscheidungen durch Drüsen kennen wir beim Strandflieder. Dieser Halophyt besitzt auf seinen Blättern bis zu 500 kompliziert gebaute Drüsen pro Quadratzentimeter. Da das Salz aktiv und unter Energieaufwand in die nach außen abgeschirmten Drüsen transportiert werden muß, arbeiten sie nicht rund um die Uhr. Nur bei Salzüberschuß wird dieser Regelmechanismus eingeschaltet. Strandflieder schmeckt nicht salzig; bei trockenem Wetter kann man mit dem bloßen Auge außen auf den Blättern feine Salzkristalle erkennen. Leckt man einmal daran, dann findet man eine Bestätigung.
Bei so komplizierten Regelmechanismen mag es für viele erstaunlich klingen, daß die meisten Salzpflanzen auf einem salzfreien Boden genauso gut wachsen wie am natürlichen Standort. Sogar für den Strandflieder trifft dies zu. Nur der Queller und einige wenige andere Arten gedeihen auf salzhaltigen Böden besser. Vom Queller weiß man, daß sein Samen nach zeitweiligem Aufenthalt im Salzwasser besser keimt als ohne diese Einwirkung. Von diesen wenigen Ausnahmen abgesehen liegt das Keim- und Wachstumsoptimum aller anderen Halophyten aber im Süßwasserbereich.

An warmen Sommertagen sind auf den Blättern einiger Salzwiesenpflanzen weiße, kristalline Gebilde zu erkennen. Leckt man daran, dann schmecken sie salzig. Die Blätter des Strandflieders scheiden diese Salzkristalle an ihrer Oberfläche aus.

Durch die besonderen Anpassungsmechanismen sind aber die Halophyten auf salzhaltigen Standorten allen anderen Landpflanzen überlegen. Hier siegt derjenige, der am besten mit den schwierigen Bedingungen fertig wird. Auf salzfreien Böden unterliegen die Halophyten anderen Arten.

Ringelgänse als Weidegänger

Es ist Herbst geworden. Der Strandflieder und andere Pflanzen der Salzwiesen sind verblüht. Mitte September: Die ersten Pfeifenten bevölkern die Seegraswiesen draußen vor der Halligkante, über Nacht sind weitere hinzugekommen. Mit ihnen sind die ersten Ringelgänse aus ihren hochnordischen Brutgebieten ins Wattenmeer zurückgekehrt. Sie überwintern größtenteils an den Küsten von England, den Niederlanden und Frankreich. Mit lautem „rott rott" fällt gerade ein Trupp auf den Seegraswiesen ein. Hier werden die Blätter des Zwerg- und, soweit vorhanden, des Echten Seegrases *(Zostera noltii* und *Z. marina)* gefressen. Nur ein kleiner Trupp äst zwischen dem Strandflieder. Jetzt im Herbst ist die Seegrasnahrung viel hochwertiger.
Im Frühjahr sieht das ganz anders aus. Das Seegras ist weggefressen, und die letzten Reste haben die Herbststürme weggetrieben. Nur einige Grünalgen sind jetzt draußen im Watt zu finden. Auf den Salzwiesen beginnt die Vegetation aber schon zu wachsen. Frische, eiweißreiche, junge Gräser und Kräuter stehen den Gänsen zur Verfügung. Die Tiere sind aus den Überwinterungsgebieten wieder auf die Hallig zurückgekehrt. Der gerade gelandete Trupp hat sich mittlerweile etwas über die Wiese verteilt. Am Rand der äsenden Gruppe können wir anhand von hellen Flügelsäumen die Jungvögel erkennen. Es sind sehr viele, anscheinend hat es ein gutes Brutjahr gegeben. Wie eine Walze bewegt sich die Gänsegruppe langsam in Richtung Halligkante. Anscheinend wird jegliches frisches Grün begierig gefressen.

An den Kotwürstchen zu erkennen

Irgend etwas hat die Vögel dazu veranlaßt aufzufliegen. In einem scheinbar ungeordneten Haufen bewegen sie sich laut rufend in einen anderen Teil des Vorlandes. Wir können jetzt die eben noch so intensiv begraste Fläche genauer unter die Lupe nehmen. Hier liegen die länglichen grünen und mit einem weißen Überzug aus Harnsäure versehenen Kotwürstchen gleichmäßig verteilt auf der Wiese. Schon anhand der Dichte dieser Kotwürstchen kann man Rückschlüsse auf

Ein kleiner Trupp Ringelgänse ist auf einer Salzwiese eingefallen. Kommen die Tiere vom Watt, so trinken sie erst einmal eine gute Portion Süßwasser. Anschließend wird gefressen. Nicht an jedem Blatt wird gezupft. Auf abgeweideten Salzwiesen bleiben der silberfarbene Strandbeifuß und die großen Blätter des Strandflieders unangetastet. Im Frühjahr fressen die Vögel begierig die zarten und eiweißreichen Blattspitzen des Meerstrandwegerichs. Ringelgänse sind eben Feinschmecker. Auf dem Foto haben sich ebenfalls zwei Brandenten zum Trinken eingefunden.

die Nutzung bestimmter Salzwiesenbereiche ziehen. Der „Rasen", auf dem die Gänse geäst haben, ist vollständig beweidet, so daß wir keine unterschiedlichen Pflanzenarten erkennen können. An einem warmen Frühlingstag macht es uns aber nichts aus, wenn wir uns einmal lang auf die Salzwiese legen, um die Grasnarbe näher zu betrachten.

Wir befinden uns kurz vor der Abbruchkante im Vorland, also müßte dies eigentlich die Andelzone sein. In der Tat, neben dem Andelgras kann der geübte „Ringelgansforscher" auch andere Pflanzen erkennen. Gleichfalls stark befressen sind die kleinen, rötlichen Blattrosetten der Grasnelke; auch der Meerstrandwegerich und der Meerstranddreizack wachsen in dieser Wiese. Von den wenigen Exemplaren des Strandflieders sind erstaunlicherweise keine Blätter abgerupft, das gleiche gilt für den Strandbeifuß. Diese Pflanzen werden anscheinend gemieden. Ätherische Öle und andere Inhaltsstoffe sind die Ursache. Ringelgänse sind eben Feinschmekker.

Ernten und wachsen lassen

Die jungen Triebe des Meerstrandwegerichs mögen die Gänse besonders gerne. Aus diesem Grund treiben sie sogar so etwas wie eine Bewirtschaftung dieser Pflanzenart. Holländische Biologen haben herausgefunden, daß Ringelgänse ein und dieselbe Wiese nur etwa alle 4 Tage aufsuchen. Bei jedem Besuch wird vom Meerstrandwegerich nur das obere Drittel der frisch gewachsenen Triebe abgefressen. Kommen sie nach 4 Tagen wieder, so haben die Pflanzen gerade den Verlust wieder ausgeglichen.

Im Frühjahr müssen sich die Vögel eine Fettreserve für den etwa 4000 km langen Flug in die Brutgebiete und die anschließende Brut anfressen. In den letzten Wochen vor dem Abflug Ende Mai legen die Gänse dabei täglich bis zu 15 g Körperfett zu. Die besonders schweren Weibchen bringen im folgenden Herbst viele Jungvögel mit.
An farbberingten Tieren hat man im Freiland auf den Salzwiesen der holländischen Insel Schiermonnikoog herausgefunden, daß der Meerstranddreizack eine wichtige Schlüsselrolle einnimmt. Ranghohe Ringelgansmännchen verteidigen die Pflanzen gegenüber anderen Individuen im gleichen Trupp, damit das verpaarte Weibchen sich an dieser Pflanzenart gütlich tun kann.
Nehmen wir einmal ein etwas älteres Kotwürstchen zwischen die Finger und zerreiben es, so können wir noch fast intakte Grasstückchen darin erkennen. Dies ist kein Wunder, denn Pflanzennahrung ist schwer zu verdauen. Ringelgänse müssen täglich enorme Grasmengen fressen, um daraus ihre Energie und ihr Körperfett zu gewinnen. Fast 80 % der Nahrung passiert unverdaut innerhalb einer dreiviertel Stunde den Darmtrakt und ergibt einen erstklassigen Dünger.

Ungeliebte Gäste?
17, 18, 19, 20 – wir haben gerade die Anzahl der Kotwürstchen pro Quadratmeter ausgezählt, da ertönt plötzlich ein Schuß, und wieder fliegen einige Tausend Ringelgänse erschrocken und laut rufend auf. Was ist passiert? Ringelgänse sind besonders im Frühjahr unerwünschte Gäste auf den Salzwiesen. Holländische Bauern sagen: „20 Gänse fressen so viel wie ein Schaf." Da scheint es schon fast verständlich, wenn der Bauer die Gänse von seiner Fläche vertreibt. Doch wie soll das weitergehen? Immer mehr Salzwiesen und damit ungestörte Äsungsplätze fehlen den Gänsen. Die Folge: immer mehr Ringelgänse auf den wenigen verbleibenden Restflächen. Hier werden sie oft verscheucht, was wieder Energie kostet und damit zu zusätzlicher Nahrungsaufnahme führt. Die Bauern sehen nur die großen Zahlen und sind verärgert. Heute werden Entschädigungen für den angeblich angerichteten Ringelgansschaden gezahlt. Die Höhe dieser Entschädigung wird anhand der Kotwürstchendichte auf den Wiesen ermittelt. Was fehlt, ist eigentlich klar: ungestörte Salzwiesen, die extensiv genutzt werden und als Nahrungsraum für Ringelgänse und andere Tiere zur Verfügung stehen.

Kleintiere – Spezialisten der Salzwiesen

Häufig unbeachtet bleibt das kleine Krabbelgetier: Spinnen, Käfer und Ameisen kennen die meisten von uns nur als lästiges Ungeziefer. Nur wenige sind von den kleinen acht- bzw. sechsbeinigen Tieren begeistert. Will man sie beobachten, so muß man schon in die Knie gehen. Im kargen Sandboden der Dünen ist relativ wenig Krabbelgetier auszumachen, auch auf den vorgelagerten Sänden. Hier fallen im Herbst die angewehten Marienkäfer ins Auge. Salzwiesen dagegen werden von vielen Gliedertieren besiedelt. Noch unterhalb der Hochwasserlinie, also im Quellerwatt, haben sich landbewohnende Käfer angesiedelt. Wir machen uns auf den Weg, sie zu beobachten.

Natürliche und reich strukturierte Abbruchkanten sind ein geeigneter Lebensraum für viele Insekten und Spinnen der Salzwiese. Hier finden sie die nötigen Versteckmöglichkeiten, um bei Überflutung unterzutauchen. Im Spülsaum ist Nahrung im Überfluß vorhanden.

Die Ebbe hat eingesetzt. Wir sitzen an der Abbruchkante der Salzwiese und beobachten den trockengefallenen Wattboden. Der Kieselalgenbelag liegt braun und glanzlos da. Eine vollkommen ebene Fläche mit vereinzelten Quellerpflanzen. Verweilen wir hier eine Zeit, so können wir beobachten, wie ein Häufchen Erde nach dem anderen auf die glatte und schlüpfrige Algenhaut hochgeschoben wird. Graben wir einen kleinen Block aus dem Sand und betrachten ihn näher, so finden wir bald einen kleinen Käfer mit schwarzem Körper und kurzen roten Flügeldecken. Diese verkürzten Vorderflügel haben einer ganzen Käferfamilie ihren Namen gegeben – den Kurzflügelkäfern.

Unserer heißt *Bledius spectabilis*, der Sehenswerte. Er lebt nur in den Sommermonaten hier, im Winter wandert er in die höher gelegenen Teile der Salzwiese. Die Überflutungszeit hat er in seiner selbstgegrabenen, verschlossenen Höhle verbracht. Im Frühjahr gräbt es sich eine neue. Der „Sehenswerte" schafft das übrigens mit seinen winzigen Mundwerkzeugen. Dabei wird Sandkörnchen für Sandkörnchen entfernt. Ist eine kleine Höhlung entstanden, dann werden die Körnchen nicht mehr an die Oberfläche befördert, sondern einzeln in die Seitenwände des Ganges gepreßt, der so hermetisch nach außen abgedichtet wird. Alle Grabarbeiten werden mit dem Kopf nach unten verrichtet. Sind die Seitenwände der Wohnhöhle verdichtet, dann wird weiterer Sand im Rückwärtsgang vor der Haustür abgelagert – daher die Sandhäufchen.

Nach jeder Flut muß der Käfer Aufräumarbeiten leisten, um seine Wohnung zu säubern. Die Wohnröhre besteht aus einer zentralen Kammer mit einem Durchmesser von einem knappen Zentimeter. Nach oben schließt sich oft eine verjüngte Biegung an. Bei Niedrigwasser wird gefressen. Der Käfer ist Algenfresser. Ein Sandkorn wird dabei mit den Mundwerkzeugen festgehalten, und mit der Oberlippe wird der anhaftende Algenbelag abgeleckt. Ein Teil wird im oberen Abschnitt des Ganges gespeichert. Dieser Algenvorrat stellt eine eiserne Ration für schlechte Zeiten dar und dient auch als Futter für die Larven. Bei auflaufendem Wasser verkriecht sich der „Sehenswerte" wieder in seinem Gang und verschließt die Röhre mit einem Sandpfropfen.

Geschwärmt wird im Mai

Bei milder Witterung und niedrigem Luftdruck beginnen die Tiere im Mai/Juni zu schwärmen und sich zu paaren.

Auf Käfersuche im Quellerwatt

Wo sandiger, offener Boden von einer dünnen Schicht von Schlick und Algen überzogen ist, da findet man in der Quellerzone die Spuren eines Kurzflügelkäfers aus der Gattung *Bledius*. Locker aufgeschichtete Sandhäufchen verraten die selbstgegrabene Höhle. Will man den Käfer beobachten, dann muß man schon etwas Geduld mitbringen, denn er lebt überwiegend unterirdisch. Gräbt man eine Bruthöhle auf, dann kommt der Käfer mit den kurzen roten Vorderflügeln ans Tageslicht. Blitzschnell versucht er sich wieder einzugraben.

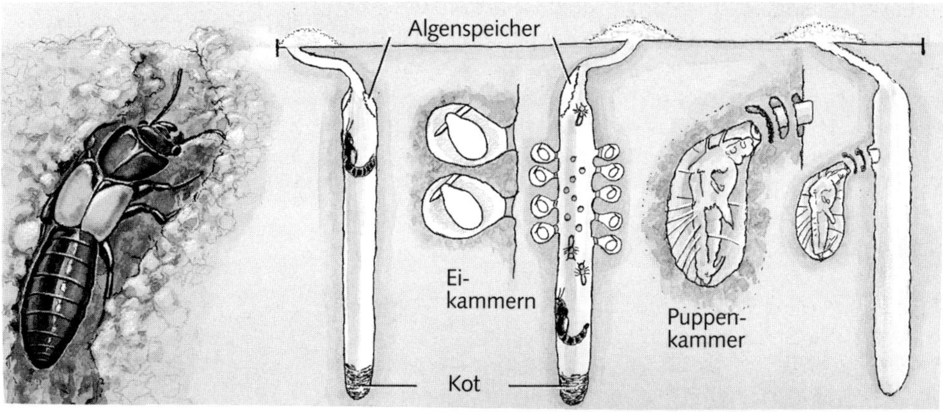

Mit Hilfe seiner Mundwerkzeuge gräbt der Kurzflügelkäfer *Bledius spectabilis* eine Röhre in den Wattboden. Der den Sandkörnern anhaftende Kieselalgenbelag wird teils gefressen, teils als Vorrat im oberen Röhrenbereich gesammelt. Die mittlere Röhre ist mit Eikammern versehen. In der vergrößerten Abbildung einer solchen Kammer kann man die frei angehefteten einzelnen Eier erkennen. Vereinzelt krabbeln Larven in der Röhre umher. Unten sammelt sich der Kot. Die Verpuppungskammer – ganz rechts – ist mit einem Reusenmechanismus ausgestattet, Wasser kann nicht eindringen. Die Puppe selbst hat lange Borsten und hängt frei im Raum.

Anschließend begeben sich die Weibchen an die Vorbereitung für die Eiablage. Sie graben, von ihrer Höhle ausgehend, birnenförmige Eikammern. Zum Schutz vor Feuchtigkeit und Pilzbefall wird jedes Ei einzeln sorgfältig an einem Kotbällchen freihängend abgelegt. Die Eikammern sind mit der Höhle verbunden, so daß ihre Sauerstoffversorgung gewährleistet ist. Innerhalb von 3 Wochen entwickeln sich die Eier zu kleinen Käferlarven. Diese verlassen dann ihre Kammern und kriechen zusammen mit der Mutter in der Röhre umher. Sie versorgt die Larven mit dem Algenvorrat aus der Höhle. Sind die Larven groß genug, so beginnen sie mit dem Bau eigener Röhren in der unmittelbaren Umgebung. Die Verpuppung zum erwachsenen Käfer geschieht in eigens dafür angelegten Kammern. Die Larve baut diese selbst und stattet sie mit einem komplizierten Reusenmechanismus als Schutz gegen eindringendes Wasser aus. Einige Borsten gewähren einen geeigneten Abstand der Puppe zur Höhlenwandung. Noch bevor die ersten starken Herbststürme einsetzen, haben sich die Larven verwandelt, und die „Sehenswerten" können ihr Winterquartier aufsuchen.

Doch nicht jede Larve überlebt die Zeit bis zur Verpuppung. Räuberische Laufkäfer mit dem Namen *Dyschirius* machen Jagd auf die Larven. Es sind winzig kleine Tiere – nur einige Millimeter groß –, die eine sehr enge Bindung an die Salzwiesen zeigen. Zwei Arten aus dieser Gattung kommen nur hier vor. *Dyschirius* kann mit seinem schaufelförmigen Kopf und seinen maulwurfartigen, verbreiterten Vorderbeinen besonders gut graben. Im Sommer gräbt er sich kleine Gänge, um an die Larven der „Sehenswerten" heranzukommen. Doch

Seite 74 unten:
In der selbstgegrabenen Eikammer ist das Ei frei aufgehängt. Die freie Anheftung schützt vor Wasser und Pilzbefall.

auch andere Salzwiesenkäfer, z. B. den Sägekäfer *(Heterocerus flexuosus)*, fressen sie. Den Rest des Jahres ernähren sich diese kleinen Laufkäfer von Springschwänzen, kleinen Insekten, die jeder aus dem Blumentopf kennt.
Eine wichtige Überlebensstrategie gegen Überflutungen finden wir bei unserem *Dyschirius*. Er ist so klein, daß er sich ohne Mühe in kleinste Höhlungen verkriechen kann. Gelingt es ihm nicht, dann läßt er sich einfach auf der Wasseroberfläche in höhere Gefilde treiben.

Pflanzenfresser der Salzwiesen

Im Unterschied zu *Bledius* und *Dyschirius* sind die pflanzenfressenden Käfer auf die höheren Salzwiesenbereiche angewiesen. Von den 26 hier lebenden Arten können 9 als bodenständig bezeichnet werden. Sie pflanzen sich in anderen Lebensräumen nicht fort. Insgesamt 7 Arten können sich nur an einer speziellen Pflanzenart ernähren und sich hier entwickeln. Diese enge Pflanze-Tier-Beziehung kann man deutlich am Strandflieder erkennen.

Der Halligflieder-Spitzmaus-Rüsselkäfer

Der nur 3 mm große Käfer *(Apion limonii)* aus der Familie der Rüsselkäfer hat seinen deutschen Namen aufgrund seines spitzmausähnlichen Aussehens bekommen. In Nordfriesland tritt er nur noch an wenigen Stellen auf. Die Salzwiesen der Halligen und der Inseln Amrum und Sylt sind letzte Refugien. Obwohl seine Wirtspflanze, der Strandflieder, auch an vielen Stellen an der Festlandsküste gedeiht, fehlt der Käfer dort. Auch Sandsalzwiesen werden nicht besiedelt. Hier findet

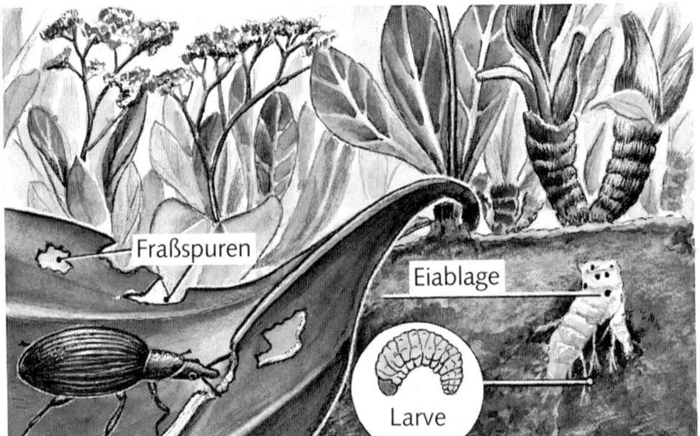

Auf dem Hallig- oder Strandflieder lebt der Halligflieder-Spitzmausrüßler. Fraßspuren an den Blättern sind ein sicheres Zeichen für seine Anwesenheit. Für die Eiablage benötigt dieser Winzling den freiliegenden Wurzelhals oder freigespülte Wurzeln seiner Wirtspflanze. Hier werden die Eier abgelegt, und im Innern der Wurzel entwickelt sich auch die Larve. Nach einer langen Ruhepause verpuppt sie sich im Hochsommer. Jetzt sind auch die fertigen Käfer zu finden.

Der Laufkäfer mit dem lateinischen Namen *Pogonus luridipennis* gehört zu den seltenen Arten der Salzwiese. Die Schönheit dieses nur 8 mm großen Käfers mit seinem metallisch gefärbten Halsschild erkennt man erst bei „vergrößerter Betrachtung". Diese Art lebt räuberisch von Springschwänzen und anderen kleinen Insekten. Um möglichst wenig Salz mit der Nahrung aufzunehmen, trinkt der Käfer Tautropfen oder Regenwasser.

Die Halligbewohner ernten die Blätter des Meerstrandwegerichs und bereiten daraus ein bekömmliches Gemüse. Lebensnotwendig ist diese Pflanzenart aber auch für insgesamt 7 Blatt- und Rüsselkäferarten. Der Rüsselkäfer *Mecinus collaris* ist allerdings nur dort anzutreffen, wo seine Wirtspflanze nicht beweidet wird. Die Eier werden in das Mark des Blütenstengels abgelegt. Hier entwickelt sich auch die Larve. Die Pflanze reagiert mit einer Gallbildung, so wie sie am mittleren Blütenstengel zu erkennen ist.

eine gleichmäßige und kontinuierliche Übersandung der Flächen statt, Abbruchkanten fehlen fast gänzlich. Aber gerade darauf ist der Spitzmausrüßler angewiesen. Das Weibchen benötigt freiliegende Wurzelbereiche der Wirtspflanze für die Eiablage.

Nachdem die erwachsenen Tiere im Hochsommer einen „Reifefraß" am Halligflieder durchgeführt haben, suchen die Weibchen im August die Wurzelbereiche auf. Da sie nicht graben können, sind sie auf freiliegende Wurzelbereiche angewiesen. Das Weibchen frißt mit seinen Mundwerkzeugen ein winziges Loch in die Wurzel, legt ein einzelnes Ei darin ab und verstopft diese Öffnung anschließend wieder mit einem Sekret- oder Kotpfropfen. Vom Loch ist jetzt nichts mehr zu erkennen. 10 Tage dauert es, dann schlüpft aus dem Ei die Larve. Für ihre Entwicklung bis zur Puppe benötigt sie 9 bis 10 Monate. Die Larve überdauert also die überflutungsreiche und unwirtliche Jahreszeit gut geschützt im Inneren der Wurzel. Im Juni verpuppt sie sich und entwickelt sich zum Käfer. Dieser verweilt noch einige Tage im Puppengang, dann frißt er sich ins Freie durch. Fraßspuren an den Blättern des Halligflieders verraten seine Anwesenheit. Schon nach 3 Wochen sind die Käfer geschlechtsreif, und die Eiablage beginnt von neuem.

Der Halligfliederrüßler kann sich nur in alten, gereiften und stark strukturierten Salzwiesen mit Abbruchkanten entwikkeln. Er zeigt uns, wie sehr die Dynamik des Lebensraumes und auch seine geschichtliche Entwicklung beim Schutz des Wattenmeeres berücksichtig werden müssen. Eine lebendige Landschaft läßt sich eben nicht am Reißbrett entwickeln.

Bewohner der Buckelwiesen: Ameisen

Wer kennt sie nicht, die zu Tausenden auftretenden kleinen Krabbeltiere unter den Steinplatten der Terrasse: die Ameisen. Aber nicht nur hier, sondern sogar in Salzwiesen sind sie zu Hause. Besonders in den höheren Bereichen können wir auf den Halligen, aber auch in den Salzwiesen der Inseln kleine, bewachsene Erdhügel vorfinden. Wie kleine unbebaute Warften sind die Bulten der Gelben Wiesenameise *(Lasius flavus)* in der Salzwiese auszumachen. Wir nennen solche Salzwiesen „Buckelwiesen". Im Juni fallen sie durch eine rosa Blütenpracht in der sonst grünen Wiesenfläche besonders auf. Die Strandgrasnelke gedeiht gerne auf den Bulten, denn hier ist es etwas trockener und nährstoffreicher. Nimmt man einen solchen Haufen etwas näher unter die Lupe, dann fehlt das sonst so bekannte Bild eines richtigen Ameisenhaufens. Die Wiesenameise hält sich mehr im Inneren ihrer Burg auf, auf den Bulten ist nur eine Handvoll lockerer, heller Erde zu finden. Bis zu 1 m tief in der Erde aber lebt ein weiblicher Hofstaat mit im Schnitt 35 000 Arbeiterinnen. Sie haben nur eins im Sinn: den Schutz und die Pflege ihrer fast bienengroßen Königin und der Brut.

Wo die Salzwiesen etwas sandiger sind, trifft man auf die Hügelbauten der Kleinen Gelben Wiesenameise. Weil es auf den Bulten etwas trockener und nährstoffreicher ist, sind diese Erdhügel von Strandgrasnelken bewachsen. Die Ameisen leben im Sommer wie im Winter in diesen Bulten, die ein dichter Wurzelfilz durchzieht. Nur selten kommen sie an die Oberfläche. Ihre Nahrung wird von Wurzelläusen produziert, diese wiederum werden von den Ameisen gehegt und gepflegt.

An geeigneten Stellen siedelt in der Salzwiese die Gelbe Wiesenameise. Ihr Nesthügel ist im Längsschnitt dargestellt. Bis weit in das Erdreich hinunter verzweigt sich das Kammersystem. Einzelne Kammern werden zur Beherbergung von Eiern, Larven und Puppen benutzt. Andere stehen für die Brut der nahrungsliefernden Wurzelläuse zur Verfügung. Daneben gibt es „Abfallkammern" für Pflanzen- und Tierreste. Eine Kammer mit freiliegenden Pflanzenwurzeln und Wurzelläusen, die von Ameisen „gemolken" werden, ist vergrößert dargestellt.

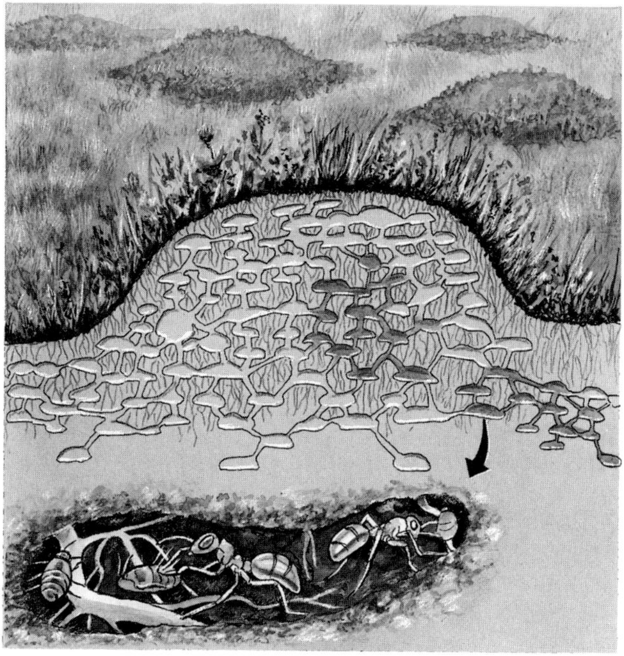

Der Hochzeitsflug

An windstillen Tagen im August kann man manchmal das beeindruckende Schauspiel des Hochzeitsfluges der Ameisen beobachten. Plötzlich ist die Luft erfüllt mit einigen Tausend zartgeflügelten Jungköniginnen und den viel kleineren männlichen Freiern. Nur wenige Tiere kommen zur Begattung. Schnell haben es die Lach- und Silbermöwen spitzbekommen, daß über den Buckelwiesen leichte Beute zu machen ist. Aus einiger Entfernung betrachtet, sieht das Ganze recht eigentümlich aus. Der Flug der sonst so eleganten Segler wirkt ungelenk, denn es ist schwer auszumachen, daß diese Vögel den Ameisen nachstellen.

Die wenigen Königinnen, die begattet wurden und zudem noch das Absammeln durch die Möwen überlebt haben, dürfen jetzt nicht vom Wind in die Nordsee verdriftet werden! Die Männchen übrigens haben mit der weiteren Staatenbildung nichts mehr im Sinn. Sie sterben nach dem Liebesakt. Nachdem sie ihre Spermienzellen in die königlichen weiblichen Spermientaschen abgegeben haben, ist ihre Funktion erfüllt. Die Königin kann nun mit diesem Samenvorrat einige Jahre lang wirtschaften.

Hat eine Königin überlebt, so baut sie häufig im Schutz eines Kuhfladens eine Kammer zum Überwintern. Im Frühjahr, nach der ersten Eiablage, schlüpfen einige Arbeiterinnen, die behende mit dem Ausbau des Nestes beginnen. Aus tieferen Erdschichten holen sie den Sand hoch und legen Gänge und Kammern an. Schnell wächst der Haufen in die Höhe. Dies nicht ganz ohne Sinn und Zweck, denn im Frühjahr erwärmt er sich in den Morgenstunden bei flach einfallendem Sonnenlicht viel schneller als die Umgebung. Es entsteht ein Temperaturgefälle im Haufen. Die Arbeiterinnen können nun die Eier, Larven und Puppen immer im richtig temperierten Bereich des Staates unterbringen. Die Entwicklung wird beschleunigt.

Die Läuse-Melker

Die Gelbe Wiesenameise lebt in einer Symbiose mit Wurzelläusen. Um den Staat satt zu bekommen, hält sich *Lasius* sein „Viehzeug" in eigens dafür vorgesehenen „Ställen". Hier werden die Läuse „gemolken", indem ihr Hinterleib mit den Fühlern betrillert wird. Die Laus sondert sofort einen zuckersüßen „Honigtropfen" ab, der begierig von der Ameise aufgeleckt und später portionsweise an die hungrigen Artgenossen verfüttert wird. Der Zucker stammt aus dem Saft, den die Läuse aus den Wurzeln ihrer Wirtspflanzen absaugen. Besonders hat es die Ameise aber auf die Exkremente der Läuse abgesehen, da sie durch Anreicherung im Darmtrakt noch zuckerhaltiger werden.

Doch auch im Ameisenstaat gibt es nichts umsonst. Die Läuse werden genauso gepflegt wie die eigene Brut. Damit die Läuse besser saugen können, sorgen die Ameisen dafür, daß die Pflanzenwurzeln stets von Erde befreit sind. Im Herbst werden Ameisen- und Pflanzenlauseier in die Tiefe des Nestes transportiert und dort bis zum Frühjahr aufbewahrt.

Symbiose
Vergesellschaftung verschiedener Organismen, aus der alle Nutzen ziehen.

Wenn dann die ersten Sturmfluten drohen, entwickelt sich reges Leben im Ameisenhaufen. Mit Sand und Gras werden im Nu alle Schotten dichtgemacht. Das gelingt nicht immer. In solchen Fällen tritt das Luftkammersystem der Bauten in Funktion. Einige Kanäle laufen voll, in anderen bilden sich Luftblasen. Hier überleben sie, die Gelben Wiesenameisen und ihre Läuse. Im Winter befinden sich Laus und Ameise in Kältestarre. Alle Körperfunktionen sind auf Sparflamme gestellt. Dem „Blanken Hans" können die Wiesenameisen so besser trutzen als dem blanken Messer des Mähgerätes.

Tag und Nacht aktiv: Brutvögel der Salzwiesen und Dünen

Trillern statt kämpfen: der Austernfischer

Der lauteste unter den Küstenvögeln ist der Austernfischer. Zu fast keiner Stunde des Tages oder der Nacht fehlt das Trillerkonzert der schwarz-weiß-roten Vögel, in den Dünen ebensowenig wie im offenen Watt, in den Salzwiesen wie am Sandstrand. Immer gibt es eine Gelegenheit zum Trillerzeremoniell. Drei oder mehr von ihnen treffen zusammen, meist an der gemeinsamen Reviergrenze, senken die orangeroten Schnäbel mit der Spitze bodenwärts, und dann geht es sofort los:

Am Beginn steht ein leises kurzes „püt-püt…" Nur selten endet hiermit schon das ganze Ereignis, falls es mit sehr schwacher Intensität abläuft. Meist aber steigert es sich zu einem schneller Triller, der ab- und anschwillt: „türrrrrrrrrrrrr". Als nächste Steigerungsstufe schließt sich ein scharfes zweisilbiges, oft geradezu ekstatisches „keliep-keliep…" an. Dieses beschleunigt sich gegen Ende und wird zugleich leiser, bis es in ein langsames, mattes „küp-küp…" verklingt.

Ist schon die Strophe des Einzelvogels sehr laut, so läuft das Konzert mehrerer Nachbarpaare beim Zusammentreffen zu einem wahren akustischen Inferno auf, das, am Boden oder gar im schwirrenden Flug vorgetragen, mehrere Minuten lang anhalten kann. Das ganze Zeremoniell dient im wesentlichen der Revierabgrenzung nach dem Motto: Lieber zusammen trillern als eine Schlägerei anzetteln. Wenn es allerdings gar nicht anders geht, kommt es auch zu „handgreiflichen" Auseinandersetzungen. Da Vögel keine Hand haben, nehmen sie an ihrer Stelle den spitzen Schnabel zu Hilfe und können damit böse zustechen.

Eigentlich wollten wir uns hier gar nicht so intensiv mit dem Wappenvogel vieler Wattenmeerinseln und Küstenstriche befassen, weil von ihm anderswo (s. Seite 35 ff.) ausführlich die Rede ist. Schließlich gibt es in den Salzwiesen wie in den Dünen noch eine Reihe anderer interessanter, häufiger und auffälliger Vogelarten.

Ein Nest ist überall

Wir wandern den mit Pfählen markierten Wanderweg durch den Heller zum offenen Watt hinunter. Es ist ein warmer Maitag, und wir sind froh, endlich die Grenze der grünen Vegetation der Salzwiesen erreicht zu haben, wo jenseits einer kleinen Düne der Bewuchs mit einer Quellerzone zu Ende geht. Hier ist die Luft frischer, es weht eine belebende Brise. Wir lassen uns nieder, um etwas in der Sonne zu ruhen. Da gibt es viel zu sehen ringsum.

Ein Sandregenpfeifer mit seinem schwarzen, breiten Halsband und dem bunten Schnabel läuft wie eine Kugel über den schlickigen Untergrund vor dem benachbarten Priel. Keine 15 m entfernt sitzt ein Rotschenkel auf einem Verbotsschild, das den Eintritt in die Vogelkolonie verwehren soll. Unruhig wippt der Rotbeinige mit dem Schwanz. Er späht zu uns herüber. Sein Partner taucht plötzlich über uns in der Luft auf und geht zu einem erregten Schauflug über: Mit schwirrenden Flügelschlägen steigt er auf, dann folgt eine Abwärtsgleitphase mit vibrierend ausgespannten Flügeln, wieder schwirrender Steigflug, wieder Gleitphase. Ständig erklingt sein wohllautender Gesang „tlüh-tlüh-tlüh...", während der Vogel uns in weitem Bogen umkreist. Plötzlich kurze trockene „kek"-Laute, die sich rasch nähern. Eine Küstenseeschwalbe mit korallenrotem Schnabel stößt in elegantem Schwung auf uns herab. Dicht über uns steilt sie wieder hoch. Wir ziehen erschreckt die Köpfe ein. Was machen wir nur verkehrt? Was haben wir den Vögeln getan?

Wir stehen vorsichtig auf und gehen ein Stück ins Watt hinaus. Es ist Niedrigwasser, der Sandwattboden schon ziemlich trocken. Die Limikolenschwärme, die jetzt noch das Watt beleben, Rastvögel auf der Wanderung ins ferne Sibirien, halten sich weit draußen nahe dem großen Priel auf, wo sie im flachen Wasser die meiste Nahrung finden. Nach 100 m halten wir inne und blicken zurück zum Heller. Mit dem Fernglas können wir jetzt genau erkennen, was sich dort abspielt, wo wir rasteten.

Getarnt und doch gefährdet: Bodenbrüter

Kaum 50 m entfernt von unserem Sitzplatz geht jetzt ein Austernfischer zum Nest. Zuerst streckt er Kopf und Hals noch aus dem Gras heraus, dann sinkt der Vogel allmählich zusammen, so daß knapp noch der Kopf und der in der Sonnenhitze hechelnd geöffnete Schnabel zu erkennen sind. Inzwischen ist auch einer der beiden Sandregenpfeifer auf sein Nest gegangen und läßt sich dort zum Brüten nieder.

Die Flußseeschwalbe brütet, teilweise gemeinsam mit der sehr ähnlichen Küstenseeschwalbe, kolonieweise im Grünland vor dem Deich. Durch extremes Hochwasser, aber auch durch Beutegreifer wie Silbermöwe und Fuchs, gehen zuweilen die Gelege verloren. Die Vögel zeitigen dann ein Nachgelege, das meistens durchkommt. Das Bild läßt gerade noch die schwarze Schnabelspitze der Flußseeschwalbe erkennen, das wichtigste Unterscheidungsmerkmal zu der rotschnäbligen Küstenseeschwalbe.

Hätte man ihn nicht vorher in Bewegung beobachtet, würde man ihn leicht für einen runden Stein oder ein Stückchen angespülten Wattboden halten, so gut getarnt ist der Bodenbrüter in seiner Umgebung. Versteckt unter einem Grasbult liegt seitab vom Weg das Nest des Rotschenkels mit 4 birnenförmigen und ebenfalls gut getarnten Eiern. Drei Paare Küstenseeschwalben brüten ein Stück entfernt am Rand einer großen Lachmöwenkolonie. Sie genießen den Schutz der Brutgemeinschaft gegen die imposanten Silbermöwen, die gelegentlich auf der Suche nach Beute vorüberfliegen.
Wo wir auch hingehen hier am Saum zwischen Heller und Watt, überall begegnen wir belegten Nestern von Bodenbrütern. Im Mai sind wir Störenfriede an jeder Stelle und zu jeder Zeit. Ein Nest neben dem anderen. Und das geht nicht immer

Der Rotschenkel macht seinem Namen Ehre. Sein Oberseitengefieder ist tarnfarbig, was dem Bodenbrüter sehr zugute kommt. Rotschenkel suchen Nahrung im Watt. Sie bevorzugen kleine Muscheln, Schnecken und Krebstiere.

gut. Hier finden wir eine Eischale aus dem Gelege eines Austernfischers, seitlich aufgepickt, noch beschmiert mit dem Gelb des Eidotters. Dort eine leere Nestmulde neben dem Weg, die vorgestern noch belegt war, doch keine Küken halten sich in der Umgebung auf. Die bodenbrütenden Vogelarten riskieren große Verluste. Warum nur siedeln sie hier so dicht?
Das Wattenmeer ist ein nahrungsreicher Lebensraum. Es bietet jedem etwas. Viele Vogelarten können von den massenweise auftretenden Würmern, Muscheln, Schnecken, Krebsen und anderen Organismen existieren. Auch Fische gibt es für jeden Geschmack, besonders Jungfische.
Ja selbst für Pflanzenfresser bietet sich ein großes Angebot: Es gibt Unmengen von Kieselalgen. Das ist allerdings nichts für die meisten Vogelarten. Interessant sind aber die grünen Großalgen wie Meersalat *(Ulva lactuca)* und Darmtang *(Enteromorpha compressa)*, die manchmal, wenn das Meer sehr nahrungsreich ist und der Untergrund Befestigungsmöglichkeiten bietet, regelrechte hellgrüne Teppiche bilden. Sehr wichtig sind auch die Seegraswiesen, die z. B. von Ringelgänsen und Pfeifenten systematisch genutzt werden.

Gefahr durch Wetter, Feinde und Störungen

Viele Gastvögel halten sich im späten Frühjahr, so lange sie nur können, im offenen Watt auf. Sie ziehen erst dann in großer Eile und sehr pünktlich ab, wenn es höchste Zeit wird, ihre Brutgebiete in der arktischen Tundra oder anderswo aufzusuchen. Die wahren Probleme ergeben sich aber für diejenigen Vogelarten, die hier auch zur Fortpflanzung verweilen. So nahrungsreich das Watt sein mag, so wenig eignet es sich als Brutplatz. Täglich zweimal läuft hier das Wasser über die Flächen und verhindert jegliche Ansiedlung. Da sind natürlich die hochwassersicheren Räume in nächster Nähe die begehrtesten Brutplätze. Viele Vogelarten gehen das Risiko ein, nahe am Hellerrand zu nisten, selbst wenn alle paar Jahre eine katastrophale Springflut im Mai ihre Gelege davonspült. Dann versuchen sie es mit einem Nachgelege und haben damit oft Erfolg. Andere gehen weiter hinein auf festen Untergrund bis hin zu den Dünen.
Die Vögel, die hier brüten, haben schon genug mit ihren natürlichen Feinden und den Unbilden des Wetters zu tun. Kommen nun sehr viele Menschen als Störfaktoren hinzu, so kann es leicht geschehen, daß sie ihre Brut aufgeben oder verlieren. Als Besucher dieser intensiv genutzten Lebens-

räume sollten wir uns klar darüber sein, was wir mit unserer Anwesenheit bewirken. Wir müssen unsere Sinne schärfen für das, was um uns herum vorgeht. Sind wir den Tieren zu nahe und könnten sie stören, dann sollten wir auf Distanz gehen. Wir sollten nie versuchen, in die Kolonie der brütenden Vögel vorzudringen. Wir würden ein fürchterliches Durcheinander auslösen. Aber wir können, wenn wir nur verständnisvoll und sorgsam auf das achten, was um uns herum vorgeht, von den erlaubten Wegen aus genügend zu sehen und zu hören bekommen.

Silbermöwen: stark und elegant

Nach unserer Rückkehr vom Wattenmeer sind wir am Nachmittag noch auf einen Sprung in die große Dünenkette gegangen, die im Norden das Inselinnere gegen die offene See abschließt. Auch hier sind wir bei den Vogelarten keine gern gesehenen Gäste. Das merken wir aber erst, wenn unser Weg uns durch die Kolonie der Silbermöwen führt.
Wir bewegen uns hier in der Zwischenzone des Nationalparks. Der durch grüne Pfähle markierte Wanderweg erlaubt es, hier zu wandern. Doch dürfen wir ihn nicht verlassen.
Die in der Nähe des Weges brütenden Vögel sind einigermaßen an die vorbeilaufenden Besucher gewöhnt. Ihre Fluchtdistanz ist geringer als bei den ungestört brütenden Tieren. Dennoch: Als wir uns dem an unserem Weg gelegenen Silbermöwennest auf der Düne nähern, fliegen die beiden Altvögel ab. Der eine verschwindet bald, der andere aber kreist über uns und senkt allmählich seine Flugbahn. Je näher wir unbeabsichtigt dem Neststandort kommen, desto aufgeregter wird der Vogel. Wir merken das nicht nur an seiner Art zu fliegen, sondern auch an seinen lauten und immer schneller werdenden „kiau"-Rufen. Sie wandeln sich allmählich zu einem spitzen „kjie". Dazwischen äußert er alarmierte „gagaga"-Rufreihen.

Angriffe aus der Luft

Und dann ist es soweit. Fünf Meter neben dem Weg ist das Nest angelegt. Wenn wir hier verharren, geht die Möwe zum Angriff über. In schrägem Sturzflug jagt sie auf uns zu. Dicht über uns wirft sie sich wieder hoch, dabei äußert sie einen schrillen Schrei. Wir hören die Schwingen rauschen. Wenn jetzt nicht das Herz im Hals schlägt, muß man schon ziemlich abgebrüht sein. Wieder und wieder stößt die Möwe schreiend auf uns herunter. Zuweilen berührt sie uns mit

Diese Silbermöwe zeigt sich als „Kulturfolger“: Sie weiß die Bauten und die Tätigkeit des Menschen für ihre Zwecke auszunutzen. Durch diese vielseitige Nutzung neuer Nahrungsquellen – Fischereiabfälle, Speisereste auf Müllplätzen – konnte sich die Art in den letzten Jahrzehnten stark vermehren und ausbreiten.

ihren herabhängenden Füßen am Kopf. Unangenehm wird es aber, wenn sie weitere Strategien der Feindabwehr einsetzt. Eine Kotladung, nicht eben angenehm duftend, trifft wohlgezielt. Ein kräftiger Schnabelhieb kann unter Umständen eine blutende Wunde hervorrufen. Mancher unschuldige Besucher ist schon schreckensbleich aus der Möwenkolonie fortgelaufen. Und es ist nicht allein das Brutpaar, mit dem er zu tun hat. Oft brüten Hunderte oder gar Tausende von Möwen gemeinsam in einer großen Kolonie. Dann wird ein Gang durch die Dünen zum Spießrutenlaufen.
Zur Brutzeit ist die Kolonie unbedingt zu meiden, dann wird dies nicht geschehen. Benimmt man sich unauffällig auf einem Weg, der an der Kolonie vorbeiführt, so kann man sicher sein, unbehelligt zu bleiben.

Möwen auf dem Vormarsch

Hin und wieder fällt uns unter den fliegenden Möwen eine auf, die nicht hellgraue Flügeloberseiten und eine ebensolche Rückenfärbung aufweist, sondern kontrastreich schwarze Färbung. Statt blaß rötlich sind ihre Beine leuchtend orangefarbig. Das ist eine Heringsmöwe, nahe verwandt mit der Silbermöwe, so nahe, daß sie sich manchmal miteinander verpaaren und Mischlinge erzeugen. Die Heringsmöwen sind vor noch gar nicht langer Zeit von Skandinavien her kommend hier eingewandert und scheinen sich auszubreiten. Die kleineren rotäugigen Sturmmöwen mit dem blaßgelben Schnabel und den grünlichen Beinen spielen dagegen auf den Nordseeinseln eine geringere Rolle.
Auch Silbermöwen haben sich in den vergangenen Jahr-

zehnten im Nordseeraum stark ausgebreitet. Sie nehmen heute noch zu. Es ist nicht bekannt, womit das zusammenhängt. Wahrscheinlich spielt eine wichtige Rolle, daß sie im Winter auf Müllplätzen ein reichliches Angebot an Nahrung finden und hierdurch besser überwintern können. Vom Menschen bereitgestellte Nahrung finden sie auch anderswo und zu anderen Jahreszeiten. Fischabfälle stehen den Silbermöwen ganzjährig zur Verfügung. Daneben nutzen sie von jeher ihre natürlichen Nahrungsquellen. Und das sind nicht wenige.

Ein Speiballen der Silbermöwe lehrt uns erkennen, was der Vogel gefressen hat. Hier besteht er fast ausschließlich aus Schalenresten von Miesmuscheln. Silbermöwen schlingen solche Muscheln mitsamt den Schalen herunter, wenn sie nicht zu groß sind. Die unverdaulichen Kalkschalen durchlaufen nicht als Ballast das Darmsystem, sondern werden als Speiballen abgegeben.

Mitgefressen, aber nicht verdaut: Speiballen

Wenn wir während unserer Wanderung nahe der Kolonie am Boden umherschauen, wenn wir einen Möwensitzplatz kontrollieren, wo bei Hochwasser auf einer Buhne oder einer Lahnung die weißgrauen Vögel mit dem gelbroten Schnabel ruhen, dann finden wir dort nicht selten frische oder alte und zerfallene Speiballen. Sie haben im frischen Zustand eine rundliche oder länglich-ovale Gestalt und können verschiedenen Inhalt aufweisen. Möwen belasten ihren Darm nicht mit unverdaulichem Material, sondern speien es in Form eines solchen Ballens aus. Am häufigsten bestehen Speiballen aus dunkelbläulichen Resten von Miesmuschelschalen. Andere enthalten Herzmuschelstücke oder solche von der Sandklaffmuschel. Dann wieder gibt es Speiballen aus Gräten und Wirbeln eines Fisches, den die Silbermöwe erbeutet hat. Um ein Nest herum häufen sich Speiballen eines Typs. Das spricht dafür, daß die Nestbesitzer sich auf eine bestimmte Nahrungsart spezialisiert haben. Manche von ihnen mögen auch Aas von einem toten Kaninchen verzehrt haben. Einmal haben wir einen Speiballen aus einem halben Brötchen gefunden, auf dem noch ein Stück Bratwurst lag. Offenbar hat die Möwe diese Speise als nicht besonders bekömmlich gleich wieder von sich gegeben.
Nicht alles, was die Möwen verzehren, wird in den Speiballen sichtbar. Zuweilen kann man bei Niedrigwasser beobachten, wie die Vögel stoßtauchend Seesterne erbeuten und sogleich verschlingen. Aber diese kommen ebensowenig in den Speiballen zutage wie die Regenwürmer und die Weichkörper von großen Miesmuscheln, die manche Möwen geschickt zu öffnen verstehen. Sie fliegen damit einige Meter hoch und lassen sie auf harten Untergrund fallen. Dabei geht die Schale zu Bruch, und die Möwe kann das Fleisch herauspicken.

Brütet in der Unterwelt: die Brandente

Hastig hat sie wohl eine Stunde lang am Prielsaum im flachen Wasser kleine Muscheln und Schnecken aus dem Wattboden herausgeseiht. Kaum bleibt ihr Zeit für eine kurze Ruhepause, um sich ein wenig zu putzen. Die Brandente wird von ihrem hochbebrüteten Gelege angezogen. Während der Nahrungssuche und der kurzen Ruhezeit steht ständig der Erpel neben ihr. Mit hocherhobenem Kopf schaut er umher. Er muß sie gegen Feinde und auch gegen unerwünschte Rivalen bewachen. Nähert sich ein anderer Branderpel, so beginnt er, pumpende Bewegungen mit Kopf und Hals zu machen. Dabei ruft er erregt sein leises „tju-tju-tju…“ Wenn der andere nicht weicht, kommt es zum Kampf. Die Ente hält sich beiseite, stimmt aber mit lautem „rarr-rarr…“ hetzend in die Auseinandersetzung ein.
Jetzt aber droht kein Rivale. Es ist Zeit zum Brüten. Die Ente fliegt in Richtung Dünen, der Erpel folgt ihr dichtauf. Über einer der bewachsenen Randdünen angekommen, ziehen sie einen engen Kreis. Die Ente läßt sich fallen, landet zwischen Strandhafer und Holunderbusch und läuft eilig und geduckt unter einen Sanddornstrauch. Hier verschwindet sie ohne Aufenthalt in einer alten Kaninchenhöhle. Im Kessel am Ende der Höhle, wohl einen guten Meter tief im Sand, wird sie nun Stunde um Stunde auf ihren Eiern sitzen, die in einer mit ihren weichen Nestdunen kuschelig ausgepolsterten Mulde liegen. Schon beginnt es in einigen Eiern zu piepsen. Wenn die Ente sie wärmt, äußern die schlüpfbereiten Küken einen kleinen Triller der Zufriedenheit. Aber sie können auch schon weinen, wenn ihnen zu kalt wird. Mit kurzen geräuschhaften Klicklauten benachrichtigen sich die Küken über den bevorstehenden Schlüpftermin.
Morgen wird es wohl soweit sein, nach 30 Tagen entsagungsvoller Brut für die Ente. Einen Tag später wird sie mit ihren 10 schwarz-weiß-gemusterten, quicklebendigen Nachkömmlingen die Höhle auf Nimmerwiedersehen verlassen. Nun beginnt der gefährliche Weg durch das Grünland bis zum Priel, in dem die Küken sich durch Tauchen und Verstecken vor den gierigen Silbermöwen retten können. Hier können sie auch wirkungsvoll von der Mutter und dem in der Nähe bleibenden Vater verteidigt werden. Aber wehe, jemand scheucht die Altvögel versehentlich davon. Dann haben die Küken wenig Chancen zu überleben.
Inzwischen ist der Erpel – etwas größer und prächtiger gefärbt und mit knallrotem Höcker auf dem Schnabel – auf einer benachbarten Düne bei Artgenossen gelandet. Hier

Bei den Brandenten sind Männchen (Erpel) und Weibchen (Enten) gleich bunt gefärbt. Das Männchen (vorn) hat allerdings einen roten fleischigen Höcker auf dem Oberschnabel. Dieser Höcker fehlt dem Weibchen, bildet sich aber auch beim Männchen im Laufe des Sommers zurück. Ihre Nahrung suchen sie seihend in den obersten Schichten des Wattbodens: Sie nehmen vor allem Wattschnecken und kleine Plattmuscheln auf, verschmähen aber auch gelegentlich pflanzliche Kost nicht.

Die frisch geschlüpften Brandentenküken sind auffallend kontrastreich gefärbt. Sie halten eng zusammen, sind aber auf die schützende Überwachung, die richtige Führung und die Wärme der Eltern noch eine Zeitlang angewiesen. Manche Eltern treten allerdings ihre Kinderschar schon bald nach dem Schlüpfen an andere Familien ab, die dann einen regelrechten Kindergarten bilden können.

steht er nun stundenlang in der Sonne, pflegt sein Gefieder und ruht, immer mit Blick auf die Höhle, in der die Ente brütet.

Merkwürdig große Enten sind das, die Brandenten. Und beide sind gleich gefärbt, wie es sonst nur bei Gänsen der Fall ist. Aber das erklärt sich aus der Brutbiologie: Wer tief in der Erde verborgen brütet, braucht nicht so tarnfarbig zu sein wie normale Entenweibchen. Wenn die Ente gegen Abend kurz die Höhe verläßt und zum Watt hinunterfliegt, sagt sie es auch mit ihrer Stimme: Ein langgezogenes „gagagaga…" tut dem Erpel kund, daß seine Ente unterwegs ist. Er schwingt sich in die Luft mit pfeifendem „tju-tju…" und folgt ihr nach. Solch unterschiedliche Stimmen haben nur Enten. Das unterscheidet sie von den Gänsen.

Die Dünen und ihre Besiedler

Wenn wir vom Badestrand einer der Inseln kommend den Dünengürtel auf einem ausgewiesenen Weg durchqueren, berühren wir nacheinander die verschiedenen Zonen der Dünenbildung: Primärdüne, Weißdüne, Graudüne, Braundüne. Nur an wenigen ungestörten Stellen des Strandes können wir unmittelbar an der Flutkante im Angespül Keimlinge verschiedener Pflanzen auffinden. Ursprünglich wuchs im Spülsaum eine eigene Pflanzengesellschaft mit sehr hohem Nährstoffanspruch und großer Salztoleranz. Der Meerkohl und die Rote Bete als Vorfahren unserer Kulturpflanzen gedeihen hier.

Ein Sandberg entsteht

Ein wenig weiter landeinwärts ändern sich die Verhältnisse. Der offene Sandstrand bietet wenig Lebensmöglichkeiten für höhere Pflanzen. Aber schon hinter einer Muschelschale oder einem angetriebenen Holzstück lagert sich der treibende Sand zu einer kleinen Sandfahne ab. Dies ist der Beginn der Dünenbildung. Wird an einer solchen Stelle ein Rhizomstück der Binsenquecke *(Agropyron junceum)* angeweht, kann es sich festsetzen und sogleich Wurzeln schlagen. Die kleine Pflanze vermehrt sich durch unterirdische Wurzelsprosse, weiterer anwehender Sand wird festgehalten, und eine Primärdüne wächst heran. Die dem Gärtner verhaßte Eigenschaft der Quecken, lange Ausläufer mit reicher Bewurzelung zu bilden, führt hier zum Entstehen einer neuen Landschaftsform. Der ständigen Schmirgelkraft des wehenden Sandes ist die Pflanze durch ihre Umhüllung mit alten Blattscheiden gewachsen.
Häufig ist dieses Gras mit der dickblättrigen Salzmiere *(Honckenya peploides)* vergesellschaftet. Das flachstreichende Wurzelsystem beider Arten bildet ein oft metertiefes, dichtes Geflecht. So können sie das Grundwasser erreichen und den Boden festigen. Gerade unter dem Einfluß des Salzes gedeihen sie am besten, was keineswegs für alle Dünenpflanzen gilt.

Dünen stellen für die Inseln Schutzwälle gegen Brandung und Sturmflut von der offenen Nordsee dar. Durch Strömung und Wellen wird ständig Sand vom Meeresgrund herantransportiert, der vom Wind landeinwärts getragen wird. Durch die windberuhigende Wirkung des Dünenbewuchses lagert sich der neue Sand auf den Weißdünen ab. Als Bewuchs tritt hier in dichten Beständen der Strandhafer auf.

Wenn die aufgewehten Primärdünen nicht mehr vom Meer überspült werden, wird der Salzgehalt durch Niederschläge ausgewaschen. Jetzt kann sich der Strandhafer einfinden. Durch seine eingerollten Blätter ist er ziemlich umempfindlich gegen den ständigen Sandflug und gegen Wasserverlust. Er durchwächst immer wieder die aufgewehten Sandschichten. Ähnlich verhält sich der Blaue Helm oder Strandroggen, der dunkelgrüne bis blaue Blattspreiten hat. Beide Arten besitzen ein ausgebreitetes Wurzelwerk, welches die Dünen verläßlich gegen Wind und Sturmfluten schützt.

Während die windexponierten Seeseiten der Weißdüne relativ spärlichen Strandhaferbewuchs aufweisen, bildet sich auf den windgeschützten Seiten geschlossene Kraut- und Strauchvegetation. Neben Kriechweiden, Sanddorn und Dünenrosen entwickeln sich auch Schwarzer Holunder und Vogelbeere zu beachtlichen Sträuchern, in denen vielerlei Arten von Singvögeln anzutreffen sind.

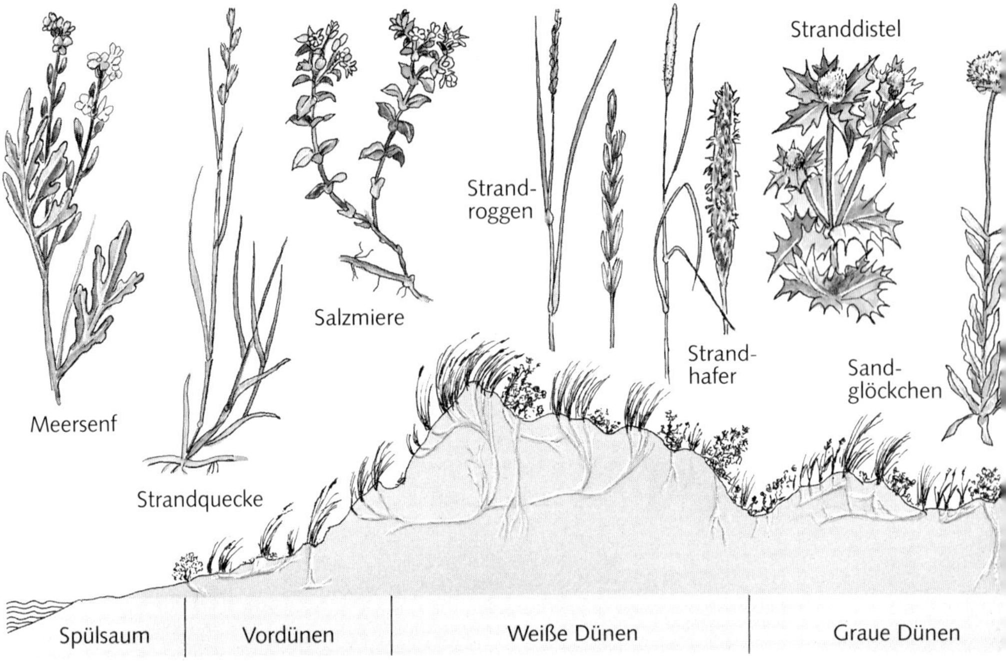

Das Leben auf der Düne

Steigen wir allmählich die Flanke der ersten Weißdüne hinauf, so verringert sich das Angebot an Nährstoffen. Hier treten andere konkurrenzkräftige Pflanzen an die Stelle der Quecke. Zuerst sticht als charakteristische Dünenpflanze der Strandhafer *(Ammophila arenaria)* ins Auge. In der meist locker bewachsenen Weißdüne schreitet die Sandanlagerung schnell fort. Bald erreicht sie eine Höhe von 10 m. Seewärts fällt die Düne steil ab.

Wunden durch Wanderer und Wind

Die ständige Übersandung kommt dem Strandhafer entgegen. Aus seinem sehr weitreichendem Wurzelnetz treiben immer wieder neue Sprosse zur Oberfläche, womit die Dünenbildung gefördert wird. Wanderer, die abseits der ausgewiesenen Wege durch diese zunächst noch spärlich bewachsenen Sandberge laufen, richten häufig großen Schaden an. An ihren Trampelpfaden greift der Wind ungehindert an, was zu Dünenanrissen führt. An diesen zerstörten Stellen liegt das Wurzelwerk frei: Der dicke Filz kann seine Funktion nicht mehr erfüllen. In mühevoller Arbeit müssen derartige

Jede Pflanze hat ihren Platz auf der Düne. Nicht alle können jedoch überall wachsen. Die Strandquecke in der Vordüne sowie Strandhafer und Strandroggen auf der Weißen Düne tragen durch ihr ausgedehntes Wurzelgeflecht und ihre Ausläufer am meisten zur Festigung des Sandes bei. Wird das Pflanzenkleid beschädigt, so beginnt der Sand vom Wind getrieben zu wandern. Im Windschatten der Dünen gedeihen je nach Nährstoffangebot und Bodenfeuchtigkeit andere Pflanzen als auf dem Dünenkamm. Viele von ihnen stehen unter Naturschutz. Bitte anschauen, aber nicht pflücken!

Wunden immer wieder durch Anpflanzungen von Strandhafer geschlossen werden. Wenn überhaupt, stellt sich ein Erfolg erst nach Jahren ein.

Dem Salzwasser ist der Strandhafer in den höhergelegenen Teilen der Dünen nicht mehr ausgesetzt. Sein Wurzelsystem reicht bis in die Süßwasserblase, die sich über dem Kern der Dünen befindet. Dem Wind und damit der Austrocknungsgefahr begegnet die Pflanze durch Einrollen ihrer Blätter. Dadurch entstehen regelrechte Röhrchen, so daß die auf der Blattoberseite gelegenen spaltfömigen „Atemöffnungen" geschützt sind. Hier tritt das verdunstende Wasser aus, mit dem die Pflanze ihre Nährstoffe aus dem Boden gewinnt.

Der Blaue Helm oder Strandroggen *(Elymus arenarius)* wächst in Gemeinschaft mit dem Strandhafer, ist aber viel seltener. Das Gras ist breitblättrig und blaugrün gefärbt. Es zeigt seine silbriggraue Blattunterseite und wendet ebenfalls seine „Atemöffnungen" von Sonne und Wind ab.

Kommt der Sandtransport allmählich zur Ruhe, so finden sich im Windschatten der Weißdünen weitere Pflanzen ein; die Vegetationsdecke beginnt sich zu schließen. Hier fehlt die ständige Nährstoffzufuhr. Kalk und andere Mineralstoffe werden durch den Regen ausgewaschen. Aus den sich langsam zersetzenden Pflanzenteilen werden Humussäuren freigesetzt, die dem Boden jetzt eine graue Tönung verleihen. Bestandsbildend in diesen Graudünen sind das Silbergras *(Corynephorus canescens)*, die Strandsegge *(Carex arenaria)*, der Schmielenhafer *(Aïra praecox)* und der Kleine Sauerampfer *(Rumex acetosella)*. Sie werden begleitet von Hundsveilchen *(Viola canina)*, Dünenstiefmütterchen *(Viola tricolor* ssp. *curtisii)* und – leider nur noch an wenigen Stellen – von der Stranddistel *(Eryngium maritimum)*, um nur einige zu nennen. Die dazwischen wachsenden Moose und Flechten fallen meist nur den Botanikern auf.

Verweilen wir einen Augenblick an einer windgeschützten Stelle, an der das Rauschen des Meeres kaum noch zu vernehmen ist. Aus den Silbergrasbeständen ist das leise Zirpen der Heuschrecken zu hören. Der Kenner vermag die einzelnen Arten an ihrem „Gesang" zu unterscheiden. Nahe bei uns ruft die Keulenschrecke *(Myrmeleotettix maculatus)*, eine typische Dünenbewohnerin. Männchen und Weibchen sind zur Lauterzeugung fähig und können sich damit gegenseitig ihren Standort anzeigen.

Auch andere, oft wärmeliebende Insekten haben diesen Lebensraum für sich erschlossen. Hektisch läuft ein Küsten-

Sandlaufkäfer *(Cicindela maritima)* über eine kleine vegetationsfreie Fläche. Er ist im Gegensatz zu vielen anderen Laufkäferarten tagaktiv und erspäht die Beutetiere mit seinen großen Facettenaugen. Seine Larven leben in selbstgegrabenen, nach oben offenen Höhlen im Dünensand. Am Höhlenausgang lauern sie auf Beute. Käfer und Larve ernähren sich von anderen Insekten.

Im feuchten Dünental

An unserem Weg zum nahegelegenen Dünental ist die Vegetation stellenweise hüfthoch oder noch höher. Hier gedeihen einige Sträucher wie Sanddorn *(Hippophaë rhamnoides)*, Kriechweide *(Salix repens)* und die weiß blühende Dünenrose *(Rosa spinosissima)*. Im dichten Gebüsch singen Kleinvögel. Der weiche, abfallende Gesang des Fitis *(Phylloscopus trochilus)* mischt sich mit den lauten, auffälligen Strophen von Grasmücken. Vor unseren Augen fliegt ein Steinschmätzer *(Oenanthe oenanthe)* ab. Sein weißer Bürzel leuchtet auf. Er hat sein Nest in einem alten Kaninchenbau angelegt. Wildkaninchen *(Oryctolagus cuniculus)* begegnen wir häufig auf allen Inseln, und zwar nicht nur den wildfarbigen mit dem grauen Fell, sondern auch schneeweißen und pechschwarzen. In der Nähe ihrer Bauten, an Stellen, wo besonders viel von ihrem Kot liegt, wachsen nährstoffliebende Pflanzen. Die auf dem Festland in Schwarzspechthöhlen brütenden Hohltauben *(Columba oenas)* nutzen hier in den Dünen ebenfalls die Kaninchenhöhlen zur Brut. Zur Nahrungsaufnahme fliegen sie oft landwärts hinter den Küstendeich.

Feuchtigkeitsliebende Sumpf- und Wasserpflanzen zeigen plötzlich ganz andere Standortverhältnisse an. Im Unterschied zu den eben noch trockenen Lebensräumen hat sich hier im Dünentälchen eine Vegetation aus Flammendem Hahnenfuß *(Ranunculus flammula)*, Zwiebelbinse *(Juncus bulbosus)* und Wassernabel *(Hydrocotyle vulgaris)* eingefunden. Letzterer ist ein typischer Vertreter der nordwestdeutschen Flora. Seine tellerförmigen, gekerbten Blätter sind scheinbar in der Mitte gestielt. Ihr Aussehen läßt kaum erkennen, daß es sich um einen Verwandten der Möhre handelt. Dieses Tälchen ist ein Werk des Windes, der Teile einer Graudüne bis auf das Grundwasserniveau abgetragen hat. Sobald dort der Boden anhaltend durchfeuchtet wird, findet die Verwehung ein Ende, die Besiedlung mit Pflanzen beginnt. Dieser Standort ist besonders nährstoffarm. Infolge der anhaltenden Versauerung des Bodens durch Humussäuren stellen

Die Strand- oder Sandsegge findet sich auf freien Sandflächen im Dünengelände ein. Sie ist leicht von anderen Seggen zu unterscheiden, da sie weite unterirdische Ausläufer bildet, die in regelmäßigen Abständen perlschnurartig neue Sprosse treiben. In älteren Beständen verblaßt diese Erscheinung mehr und mehr. Die Sandsegge gehört zur Familie der Sauergräser und hat einen ährigen Blütenstand, in dem die oberen Ährchen männlich, die unteren weiblich und die mittelständigen gemischtgeschlechtlich sind. Sie blüht von Mai bis Juni.

Unbewachsene Dünen – Primärdünen und vom Wind angerissene Graudünen – sind der ständigen Gefahr ausgesetzt, vom Wind fortgeblasen zu werden. Dies kann zu großflächigen Wanderdünen führen. An gestörten Stellen muß durch gezieltes Anpflanzen von Strandhafer die Düne befestigt werden.

sich nach und nach Torfmoose ein, die langsam ein Moor bilden.

Auf bultartigen Erhöhungen liegen die zarten Ästchen der Moosbeere *(Vaccinium oxycoccus)*. Dazwischen entdecken wir den Rundblättrigen Sonnentau *(Drosera rotundifolia)*. Er besiedelt nur die stickstoffärmsten Böden und gewinnt zusätzliche Nährstoffe durch Insektenfang. Zu den Pflanzen dieser Nieder- oder Übergangsmoore gehören auch das Sumpfblutauge *(Comarum palustre)* und das Schmalblättrige Wollgras *(Eriophorum angustifolium)*.

Auf etwas erhöhten Sandflächen folgen zum Dünenhang hin Bestände aus Krähenbeere *(Empetrum nigrum)* und Glockenheide *(Erica tetralix)*. Sie kündigen die Braundüne an. Ein vielfältiges Mosaik unterschiedlich stark vernäßter Niederungen und trockener Sandrücken beherbergt hier eine Fülle von Tieren. In den offenen, flachen Tümpeln finden wir die doppelsträngigen Laichschnüre der Kreuzkröte *(Bufo calamita)*. Nicht weit davon ist ihr knarrendes Rufen zu hören. Um der Austrocknung zu entgehen, gräbt sich das Tier für die heißen Tagesstunden in den kühlen, feuchten Sand ein. Im sich rasch erwärmenden Wasser des flachen Tümpels vollzieht sich die schnelle Entwicklung von Laich und Kaulquappen. Die gedrungene Kreuzkröte hat relativ kurze Hinterbeine, zahlreiche kleine Warzen und einen gelblich-weißen Längsstreifen auf der Rückenmitte.

Schon von weitem fällt die Braundüne durch einen deutlichen Farbkontrast zu den anderen Flächen auf. Die geschlossene Vegetationsdecke beherbergt außer Krähenbeere und Glockenheide Kriechweidengestrüpp, dazwischen wachsen Rauschbeere *(Vaccinium uliginosum)* und vereinzelt kleine Kiefern. Ihnen beigesellt sind häufig das Heidekraut *(Calluna vulgaris)*, der Tüpfelfarn *(Polypodium vulgare)* und andere Pflanzen, die wir bereits aus der Graudüne kennen. Durch eine fortschreitende Vegetationsentwicklung und die damit verbundene Humusanreicherung wirken diese Flächen braun. Ein Blick zurück zur Weißdüne macht uns den Unterschied in der Bodenfarbe augenfällig. Drehen wir uns nun um und verfolgen unseren Weg weiter, so erreichen wir nach kurzer Zeit den Rand der Dünenlandschaft: Vor uns breiten sich die flachen Salzwiesen aus, dahinter leuchtet schon von weitem das Watt im warmen Licht der Sonne.

Quallen, Tang und Schill: Faszination des Spülsaumes

Wer das Meer liebt, läßt sich gewiß nicht durch Wind und Wetter davon abhalten, nach draußen zu gehen. Gerade dann, wenn bei auflaufendem Wasser eine steife Brise weht und der Regen peitscht, lohnt es sich, am Spülsaum entlangzuwandern. Die Strände sind fast menschenleer, denn die meisten Zeitgenossen haben sich in ihre Hotels, Pensionen und Ferienwohnungen zurückgezogen. Die wenigen, die jetzt noch unterwegs sind, erwartet oft ein reiches Angebot dessen, was die Strömung landeinwärts getragen und die Wellen an den Strand gespült haben.

Als dunkle durchgehende Linie hebt sich dieses Angespül auf dem hellen Sand ab. Ein Blick in Richtung der Dünenkette läßt oft mehrere weitere hintereinanderliegende Bänder erkennen, die das Meer nach besonders hohem Hochwasser zurückgelassen hat. Wer dort allerdings nach einem Holzfaß mit Rum oder einer Schatzkiste sucht, kommt einige Jahrzehnte oder Jahrhunderte zu spät. Ein berechtigter Grund zur Enttäuschung ist dies allerdings nicht, denn Schätze gibt es auch heute in Hülle und Fülle zu finden; sie sind nur anderer Art und stammen oft aus den Tiefen des Meeres.

Die Schalen von Schnecken und Muscheln gehören ebenso dazu wie Quallen, Seeigel, Seesterne und große Algen. Wer Glück hat, stößt vielleicht auch auf ein Stück Bernstein: ein besonders wertvoller Fund, weil es sich um fossiles Harz von Nadelbäumen, etwa 60 Mio. Jahre alt, handelt, in dem manchmal kleine Insekten eingeschlossen sind. Zwischen dem Angespül finden sich leider auch leere Konservendosen, Plastikbehälter, Glühbirnen und anderer Unrat, der von Schiffsbesatzungen ins Meer geworfen wurde. Bei den schwarzen, zähen Klumpen, die dem Spaziergänger am Fuß kleben bleiben, handelt es sich um Teer, d.h. verfestigtes Öl. Eine solche Wanderung ist eben nicht nur erfreulich. Das verwundert bei der starken Verschmutzung der Nordsee allerdings kaum.

Von weither angespült: Tange

Häufig sind es dichte Lager von Pflanzen, die das Gesicht des Spül- oder Flutsaumes prägen. Es handelt sich dabei um Algen von oft mächtigen Ausmaßen, sogenannten Makroalgen, die man auch als Tang bezeichnet. Manche Arten werden sogar mehrere Meter lang! Sie wachsen in großen Mengen nur an Küsten mit steinig-felsigem Untergrund. Dies ist im deutschen Nordseeraum nur um die Insel Helgoland herum der Fall. In Großbritannien und Skandinavien dagegen dehnen sich an den von Gestein gebildeten Küsten oft kilometerweite Großalgenbestände aus. Werden die mit Haftfäden oder Haftscheiben festsitzenden Pflanzen – Algen haben keine Wurzeln – von der Macht des Wassers abgerissen, driften sie oft über riesige Entfernungen mit der Strömung und enden irgendwann im Spülsaum. Die Masse von ihnen hat eine schmutzig-braune Farbe, und in der Tat gehören sie zu den Braunalgen.

Makroalgen
Große Grün-, Braun- und Rotalgen, die auf hartem Untergrund wachsen (=Tang).

Die auffälligste und wohl häufigste Art am Spülsaum ist der Blasentang *(Fucus vesiculosus)*, der an den zahlreichen runden oder ovalen und immer paarweise auftretenden gasgefüllten Schwimmblasen, die ihm im Wasser Auftrieb geben, zu erkennen ist. Schaut man ein bißchen genauer zwischen den Braunalgen nach, so findet man auch Rot- und Grünalgen. Eine der schönsten Rotalgen ist sicher der Blutrote Seeampfer *(Delesseria sanguinea)*, dessen laubblattähnliche Teile von dem kurzen, runden Stiel abzweigen. Unter den Grünalgen fällt der Meersalat *(Ulva lactuca)* auf, dessen blattartige dünne Lappen 60 cm lang werden können. In manchen Gebieten Skandinaviens wird er gern gegessen.
Dort, wo sie vorkommt, reicht die Algenvegetation hinab bis

Zu den größeren Grünalgen, die regelmäßig im Angespül zu finden sind, gehören auch Darmtangarten (*Enteromorpha*), deren blattförmiger Körper gewellt ist. An ihren eigentlichen Wuchsorten sitzen sie mit wurzelähnlichen Haftorganen auf Hartteilen fest. Auch auf den Wattflächen kann man auf Darmtang treffen, der dann meist an Muschelschalen haftet.

Wird die Kompaßqualle an den Strand gespült, so trocknet sie aus und stirbt. Mit ihren rötlichbraunen Strahlen erinnert sie in der Tat an eine Kompaßrose! Viele Menschen empfinden Ekel beim Anblick einer Qualle, wozu leider zahlreiche abenteuerliche Geschichten über deren große Gefährlichkeit kräftig beitragen. Die meisten Arten, die an der Nordsee vorkommen, sind aber absolut harmlos!

in Tiefen, in die das Sonnenlicht vordringen kann. Dabei ist die unterste Zone von Rotalgen besiedelt, die am höchsten gelegene von Grünalgen. Dazwischen wachsen die Braunalgen. Anstelle dieser schematischen Verteilung tritt allerdings häufig eine starke Durchmischung von Grün-, Braun- und Rotalgen.

Nesselnde Quallen

Während man vor dem breiten Band angespülter Tange hockt und einzelne Arten zu identifizieren sucht, schwappt plötzlich eine größere Welle heran und wirft eine Qualle an den Strand. Es ist eine ausgewachsene Kompaßqualle *(Chrysaora hysoscella)* von 25 cm Durchmesser und weißlich-gelblicher Farbe, über deren scheibenförmigen Körper rötlich-braune Strahlen laufen. Dadurch erinnert das schöne Tier an eine Kompaßrose. Quallen gehören zu den Nesseltieren, bei denen gewöhnlich ein Wechsel zwischen Polypen- und Medusengeneration stattfindet. Die Quallen stellen die Medusengeneration dar; die zugehörige Polypengeneration ist im allgemeinen winzig klein (0,4 bis 1 cm). Das von den Tieren abgegebene Nesselgift – auch sie verfügen über Nesselfäden (s. Abb. Seite 47) – ist je nach Quallenart harmlos bis gefährlich. Die im Bereich der Nordseeküste vorkommenden Arten sind aber eher als harmlos einzustufen.

Eiballen wie Pergament

Zum Angespül gehören auch gelblich-hornfarbene, faustgroße Ballen, die oft in großen Mengen gerade an den alten, höhergelegenen Spülsäumen liegen. Im ausgetrockneten

Von der Strandkrabbe (*Carcinus maenas*) finden sich meist nur leere Panzer im Angespül. Entweder sind die Tiere dann von Möwen erwischt worden, die ihren Panzer aufgehackt und den „Inhalt" verspeist haben, oder es sind nur die harten Außenpanzer, die die Tiere beim Häuten abgestoßen haben. Alle Krebse müssen sich nämlich im Verlauf ihres Wachstums mehrfach häuten, da ihr festes Außenskelett nur begrenzt dehnbar ist.

Zustand fühlen sie sich pergamentartig an. Daß es sich dabei um die Gelege der Wellhornschnecke *(Buccinum undatum)* handelt, überrascht.

Die Schnecke bewohnt Wattströme sowie die freie Nordsee und besitzt ein hühnereigroßes, weißlich- bis gelblichgraues, sehr derbes Gehäuse, das ebenfalls oft angespült wird. Im Frühjahr heften die Tiere ihre Eiballen an Steine und andere feste Gegenstände des Meeresbodens. Ein solcher Ballen besteht aus zahlreichen zusammenhängenden Kapseln, und jede frische Kapsel enthält bis zu 2000 Eier, von denen nur etwa 10 befruchtet sind. Aus ihnen entwickeln sich junge Schnecken, die bis zum Auskriechen aus der Kapsel von der großen Menge der unbefruchteten Eier leben.

Manchmal kommt es vor, daß eine Wellhornschnecke in die Gezeitenzone vordringt und sich – von der Ebbe überrascht – nicht schnell genug in den Boden eingraben kann. Wird sie von einer Silbermöwe entdeckt, hat sie oft keine Überlebenschance mehr. Der Vogel kann zwar nicht mit dem Schnabel in das Gehäuse eindringen, aber er kann die Schnecke im Fluge forttragen und über hartem Grund, z. B. einer Mole, fallenlassen, wie er es auch mit Miesmuscheln tut (s. auch Seite 87).

Wellhornschnecken selber fressen vorzugsweise Aas, das sie mit Hilfe ihres gut entwickelten Geruchssinns im Wasser auffinden. In den alten, leeren Gehäusen der Tiere siedeln sich häufig ausgewachsene Einsiedlerkrebse *(Eupagurus bernhardus)* an. Meist ist die Schalenoberfläche dann zusätzlich von Stachelpolypen *(Hydractinia echinata)* überzogen, die von den Fraßresten des Krebses leben.

Stachelhäuter des Meeres

Auf einer kleinen Entdeckungsreise entlang des Spülsaumes sollte man sich nicht mit dem begnügen, was offen daliegt. Beim „Durchwühlen" der Algenbüschel ist eine Menge mehr zu entdecken. Da krabbeln und hüpfen unzählige Sandhüpfer *(Talitrus saltator)* und Strandflöhe *(Orchestia gammarellus)*, da liegen Schalen verschiedener Schnecken und Muscheln, und inmitten dieser bunten Fülle tauchen plötzlich ein kleiner fünfarmiger Seestern *(Asterias rubens)*, das Gehäuse eines Strandseeigels *(Psammechinus miliaris)* oder eines Herzigels *(Echinocardium cordatum)* auf. Diese 3 Arten gehören zusammen mit anderen zum Tierstamm der Stachelhäuter *(Echinodermata)*. Auch ihr Lebensraum ist nicht der Strand, die Strömung hat sie hergetragen. Vom Seestern findet man meist nur kleine Exemplare, obwohl sie in ausgewachsenem Zustand einen Durchmesser bis zu 50 cm erreichen können. Im unmittelbaren Küstenbereich leben sie nur an Steinen, Miesmuschelbänken, Buhnen, Molen und an anderen Hartsubstraten. Dort besiedeln sie vor allem Ritzen und Spalten.

Auf dem Kalkskelett der Tiere sitzen Stacheln (Name!), die beim Gemeinen Seestern sehr kurz sind. Auf ihrer Körperunterseite liegen dichte Reihen weißlicher Saugfüßchen, mit deren Hilfe sie sich fortbewegen, festhalten und Nahrung erwerben. Ihre Hauptbeute bilden Muscheln, vor allem Miesmuscheln. Indem sich ein Seestern mit seinen Armen um beide Schalenhälften einer Muschel legt und mit den Füßchen festsaugt, übt er einen steten Zug aus, dem das Schalentier dauerhaft nicht gewachsen ist. Es scheint so, als spielten dabei auch betäubende Sekrete des Seesterns eine Rolle. Entsteht durch Öffnen der beiden Muschelhälften auch nur ein winziger Spalt, so stülpt der Stachelhäuter seinen Magen hinein und beginnt den Weichkörper der Muschel zu verdauen. Silbermöwen tauchen bei Niedrigwasser gerne und erfolgreich nach Seesternen. Doch nehmen sie auch mit angespülten Individuen vorlieb.

Fische ohne Knochen: Rochen

Die vielen Entdeckungen am Spülsaum lassen ein bißchen erahnen, wie wundersam reich die Unterwasserwelt der Nordsee ist. Von mikroskopischen Winzlingen bis hin zu furchteinflößenden Riesen ist ein facettenreiches Spektrum von Lebewesen vertreten. Zu den seltsamsten Tieren gehören die Rochen, die zusammen mit den Haien zu den Knorpelfischen zählen. Das Skelett dieser Tiere, deren Geschichte

An den Stränden der Nordseeküste finden sich häufig Muschelfelder von riesiger Ausdehnung. Hier hat das Meer – besonders bei hohen Tiden – Muschelschalen in großen Mengen mitgebracht und abgelagert. Viele davon sind allerdings zu sogenanntem Schill kleingerieben worden.

vor 250 Mio. Jahren begann, ist knorpelig, und aus ihrer Haut ragen harte Hautzähne, die regelrechte Dornen und Stacheln bilden können.

Eine Art, die an der Nordseeküste vorkommt und früher auch häufig ins Watt vordrang, ist der Nagelrochen *(Raja clavata)*. Auf seiner Oberseite zieht sich eine Stachelreihe vom Kopf bis zum Schwanz, dazu kommen verstreut liegende Dornen auf der restlichen Körperoberfläche. Als überwiegend bodenlebende Tiere fressen Nagelrochen Bodenfische, Krebse, Schnecken, Muscheln und Stachelhäuter. Die vom Weibchen im Spätsommer abgelegten 20 bis 25 flachen, dunklen Eikapseln kann man an den spitzen, auslaufenden Ecken erkennen. Aus diesen Kapseln schlüpfen nach etwa 5 Monaten die Jungtiere. Am Spülsaum findet man die leeren Gehäuse regelmäßig. Mit etwas Glück trifft man auch auf solche des Kleinen Katzenhais *(Scyliorhinus canicula)*. Diese sind aber gelbbraun und schlanker als Rocheneier. Außerdem sind ihre Spitzen zu geringelten Haftfäden verlängert.

Nur ein kleiner Teil dessen, was bei einer Wanderung entlang des Spülsaums entdeckt werden kann, ist hier vorgestellt. Bewegt man sich vom Flutsaum zurück zu den Dünen, führt der Weg oft über breite Bahnen angeschwemmter Muschel- und Schneckenschalen. Hier findet man manches schöne Stück, das nach Hause zu tragen lohnt. Die meisten Schalen sind vom Meer allerdings zu sogenanntem Schill kleingerieben worden. Hat man die Dünenkette erreicht, kommt nach dieser erlebnisreichen Wanderung durch die steife Brise die Lust nach einem steifen Grog auf.

Seehunde – bald nur noch im Zoo?

Sommer 1988. Die Schreckensnachrichten von der Küste jagen sich: Algenblüte, Fischsterben, Seehundsterben. Im Nord- und Ostseeraum gab es noch vor Jahresfrist etwa 14 000 Seehunde. Das Sterben geht von der Ostsee aus und greift auf die Nordsee über. Wie viele müssen dran glauben? Im Juli sind es 2 800 tote Seehunde, die man eingesammelt hat, im August bereits 7 000. Anfang September sind 80 % der Population der Deutschen Bucht tot. Die Hoffnungen werden von Tag zu Tag geringer. Diagnose vordergründig: Lungenentzündung aufgrund einer ansteckenden Viruserkrankung. Diagnose hintergründig: Vergiftung des Meeres. Erst Ende Oktober 1988 verlangsamte sich das Seehundsterben. Knapp 20 % der Population des Wattenmeeres überlebten fürs erste.

Die Empfindlichsten müssen zuerst sterben. Und auch: Es muß erst eine Katastrophe passieren, ehe wir zu handeln beginnen. Werden überhaupt Seehunde übrigbleiben? Oder sterben sie als Märtyrer, um die Nordsee zu retten? Ein endgültiges Urteil hierüber wird die Geschichte fällen, die Geschichte der Seehunde und die Geschichte der Menschen.

Dolce vita auf der Sandbank

Seit eh und je haben sie die Herzen der Menschen erobert. Das Seehundskind mit seinen großen dunklen Augen, dem runden Kopf und dem weichen Fell spricht jedermann an. Da vergißt man leicht, daß Robben – zu ihnen rechnen die Seehunde – in Mengen getötet werden mußten, damit feine Mäntel und Winterschuhe aus „Seal" getragen werden konnten. Da vergißt man auch, daß die zunehmende Verschmutzung der Meere den Tieren das Leben schwermacht, daß sie anfällig zu werden scheinen gegen Krankheiten, die unter ihnen wüten, daß Störungen durch Tourismus und andere menschliche Aktivitäten ihre Existenz bedrohen.

Da liegen sie vor uns auf der Sandbank, zigarrenförmige Körper, flach ausgestreckt, in einer Gruppe vereint. Auf die Ferne scheint sich nicht viel zu ereignen bei den Tieren. Wir

Seehunde sind soziale Meeressäuger, die sich in der erdgeschichtlichen Vergangenheit von landlebenden Raubtieren abgeleitet haben. Heute sind sie durch viele Störungen und Gefahren im Wattenmeer bedroht. Nähert sich ein Boot ihrem Liegeplatz auf der Sandbank, so werden zunächst die Wächtertiere aufmerksam, dann fahren alle Köpfe hoch, und der ganze Trupp robbt eilig zum Wasser und verschwindet.

haben den Eindruck, daß sie nur ruhen und die Sonne genießen. Hin und wieder dreht sich einer ein wenig auf die Seite. Nur wenn man mit dem stark vergrößernden Fernrohr ganz angestrengt nach ihnen schaut und sie lange beobachtet, erkennt man ein bißchen mehr Leben in der Gruppe.
Einer kratzt sich mit der flossenartigen Vorderpfote an der Flanke, der andere reibt die beiden Schwanzflossen ausgiebig aneinander. Einer gähnt herzhaft, einer schubbert den Körper im sandigen Untergrund. Nicht selten bewegen sich ein paar Silbermöwen zwischen den großen Meeressäugern. Kommt eine solche Möwe dem Seehund zu nahe, so wendet dieser ihr meistens den Kopf zu. Nicht ganz ohne Grund. Denn wenn die Möwe sich einem Seehund unbemerkt von hinten nähern kann, dann mustert sie kurz sein Schwanzende und pickt zu. Der Seehund fährt erschreckt hoch, wendet sich um und verjagt die Möwe. Offenbar hat das Picken wehgetan. Ob die Möwe nach seinen Hautparasiten gepickt hat? Das wäre der Anfang einer interessanten Symbiose, einer Lebensgemeinschaft zu beiderseitigem Nutzen.
Stundenlang halten es die Seehunde aus, auf dem Sand zu liegen. Sie scheinen diese Situation so recht zu genießen.

Doch manchmal kommt es zur Störung: ein Krabbenkutter, der zu nahe an ihnen vorbeifährt, ein niedrig fliegendes Sportflugzeug oder der Überschallknall eines Düsenjägers, häufige Ausflugsfahrten zu den Seehundsbänken, schlimmstenfalls sogar eine Bootsbesatzung oder ein Surfer auf einer kleinen Wanderung über die Sandbank. Dann werden zuerst die großen Bullen, die meist an den Enden des Verbandes liegen, aufmerksam und heben den Kopf. Immer größer wird die Zahl der Tiere, die aufmerken. Schon robben die ersten ins Wasser und tauchen weg. Bald ist die Sandbank leer. Nur zögernd kehren sie nach Ende der Störung wieder zurück.

Seehunde brauchen Sonne

Kommen sie eben aus dem Wasser, sind alle Seehunde zuerst einmal dunkel. Sie brauchen bei schönem Wetter eine Viertelstunde, bis das Fell trocken ist und all seine Pracht zeigt: eine silbergraue oder goldfarbene Tönung, mit rundlichen Flecken mehr oder weniger dicht markiert. Die alten Bullen – früher bis zu 40 Jahre alt, heute erreichen sie nicht mehr als etwa 25 Jahre – bleiben im allgemeinen relativ dunkel. Die mittelgroßen und kleinen Tiere, die Weibchen und die jüngeren unter den Männchen, weisen die hellen Farbtöne auf. Eines der kleineren Tiere, vielleicht ein zweijähriges Weibchen, liegt ständig auf dem Rücken und wendet die Bauchseite der Sonne zu. Das ist ungewöhnlich. Jetzt erkennen wir mit dem Fernrohr den Grund. Von der Bauchmitte bis über die Flanke hin zieht sich eine großflächige offene Wunde. Rot gesäumt ist sie: am Rand tritt offenbar Blut aus. Kein Wunder, daß das Tier empfindlich reagiert, wenn es mit dem Bauch den sandigen Boden berührt. Schlimm wird es aber erst, wenn Störungen dazu führen, daß die Seehunde ständig in Bewegung bleiben müssen. Die Wunde kann nicht trocknen. Sie wird bei jeder Flucht wieder aufgerissen. Denn für Seehunde ist der Aufenthalt auf dem festen Untergrund ein sommerliches Muß.

Geburt und Kinderstube

Den größeren Teil des Jahres halten sie sich in der offenen Nordsee auf, um dort Fische zu fangen. Aber jetzt im Sommer sind sie an die Sände und Strände gebunden. Hier ist die Seehund-Kinderstube, d. h. hier kommen die Jungen zur Welt. Kurz danach tritt auch der alljährliche Haarwechsel ein. Das hierfür nötige Vitamin D entsteht unter dem Einfluß von Sonnenlicht in der Haut. Vier Wochen nach der Geburt der

Auch eiskaltes Wasser vermögen Seehunde durch ihre gut isolierende Speckschicht auszuhalten. Seehunde können im Wasser besser sehen als außerhalb. Sie können sehr gut hören, obwohl sie ihre äußeren Ohrmuscheln in Anpassung an das Wasserleben reduziert haben. Auch verfügen sie über eine gute Witterung, verschließen jedoch ihre Nasenlöcher beim Tauchen. Die langen Vibrissen an der Schnauze und über den Augen dienen der Tastwahrnehmung.

Robbenbabys, die meist in die Zeit zwischen Juni und Mitte Juli fällt, finden auch die neuerliche Werbung und die Begattung statt, beides im Wasser. Danach sind die Weibchen wieder trächtig. Aber die Entwicklung der Keime wird noch eine Zeitlang gestoppt, damit die Jungen im folgenden Jahr nicht zu früh zur Welt kommen. Das Säugen der Babys mit der sehr fetthaltigen Milch (bis zu 40 %, 10mal mehr als bei der Kuhmilch) – sie nehmen davon 1 Pfund und mehr pro Tag zu – ist ebenso wie die Geburt an festen Untergrund gebunden. Nur wenn sie ausgiebig Ruhe haben, bekommen die kleinen Seehunde genug von der nährkräftigen Milch. Sie sind auch am meisten durch Bauchverletzungen gefährdet. Am Bauchnabel bleibt häufig nach der Geburt noch ein Stumpf der Nabelschnur stehen. Nun krabbelt der kleine Seehund los in der Weise, wie alle Seehunde sich fortbewegen: Mit den beiden Vorderflossen stützt er sich hoch und läßt sich nach vorne niederfallen. Durch dieses Robben reißt die zarte Haut um den Nabel leicht ein. Hieraus kann sich bei weiterer Belastung und Infektion ein Eiterherd bilden, der sich ausweitet. Drei Viertel aller Hautverletzungen bei Seehunden im ersten Lebensjahr gehen von der Nabelgegend aus. Bis zu 40 % der Jungen eines Jahrgangs leiden daran. Nicht wenige von ihnen müssen sterben, wenn es von diesen ständig wieder aufgerissenen und infizierten Wunden aus zur Blutvergiftung kommt. Nur einige der erkrankten Jungtiere können sich über den Winter hin im freien Nordseewasser soweit erholen, daß sie den nächsten Sommer zu überstehen vermögen. Eine endgültige Ausheilung wird nur sehr selten beobachtet.

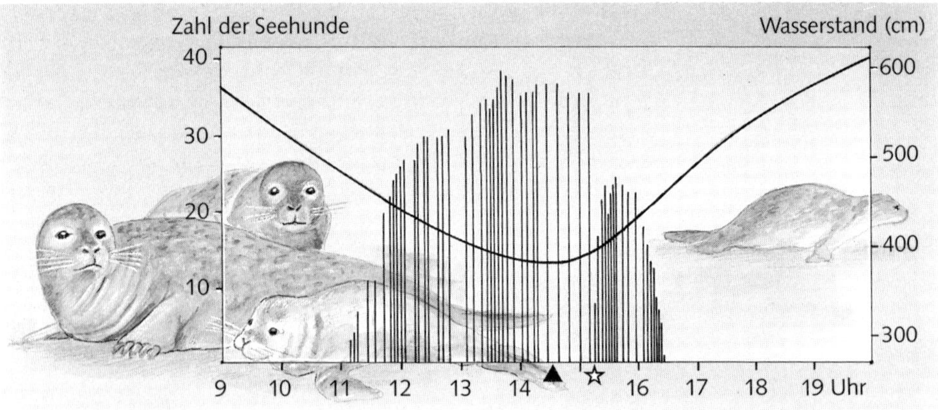

Seehunde haben besonders zur Sommerzeit ein großes Bedürfnis nach Ruhe und Sonnenschein. Sie sammeln sich auf den Seehundbänken, solange es der Wasserstand gestattet. Am 26. Mai 1988 finden sich auf der Baltrumer Othello-Plate knapp 40 Seehunde ein. Als der Wasserstand (durchgezogene Kurve) gegen 15 Uhr seinen niedrigsten Stand (▲) erreicht, ruhen sie schon stundenlang dort. Um 15.16 Uhr kommt ein Boot (☆) sehr nahe an der Sandbank vorbei: 28 Seehunde fliehen ins Wasser, nur ein Teil kehrt wieder zurück.

Allzeit fluchtbereit

Nur in ungestörten Gebieten bleiben die Seehunde während des ganzen Niedrigwassers auf der höchsten Höhe der Sandbank liegen, wo sie anfangs das Wasser verlassen haben. Dort, wo Störungen auftreten, halten sie sich stets am Wassersaum auf, um jederzeit rasch fliehen zu können. Das bedeutet, daß sie dem fallenden Wasser folgen müssen und dabei auch die nötige Ruhe nicht finden. Kranke und schwache Tiere bleiben in dieser Situation zurück.

Wie wärme- und sonnenbedürftig unsere Seehunde sind, merken wir, wenn das Wasser zurückkehrt. Der stärkste Bulle hält die höchste Stelle der Sandbank besetzt. Während die anderen Tiere schon allmählich von den auflaufenden Wellen vertrieben werden, genießt er noch die Sonne und die Wärme auf dem schönsten Plätzchen. Jetzt benetzen die ersten Wellen seinen Bauch. Wird er nun endlich gehen? Nein! Er hebt den Kopf und den Schwanz und nimmt die „Bananenstellung" ein. So verharrt er noch auf dieser Stelle, bis das Wasser ihn buchstäblich davonspült. Währenddessen sind seine Gruppengenossen schon tauchend und schwimmend in der Nähe unterwegs. Vielleicht gehen sie jetzt auf Jagd nach Plattfischen und Dorschen. Aber nicht alle sind in dieser Weise beschäftigt. Hier und dort schaut ein Kopf aus dem Wasser. Der Seehund hebt das Kinn und bleibt unbeweglich. So scheint er die Sonne weiter zu genießen.

Verhungert und gequält

Es ist ein warmer Sommertag Ende August, gegen 8 Uhr morgens. Die Sandplatte vor der Insel steht noch unter Wasser. Aber drüben leuchtet der Oststrand der Nachbarinsel. Tatsächlich, dort liegen unsere Seehunde in der wärmenden Morgensonne. Wir aber wissen, daß das nicht lange gutgehen kann. Vom Inselinneren her nähert sich schon der erste Tourist. Er hält sich zunächst ein paar Minuten am alten Schiffswrack auf, das hier schon viele Jahre im Sand liegt. Dann geht er weiter an den Strand hinunter, den er eigentlich nicht betreten darf. Hier ist die Ruhezone des Nationalparks. Ein zweiter Spaziergänger kommt hinzu. Sie winken einander, haben die Seehunde entdeckt und gehen auf sie zu. Die ersten Köpfe bei den Meerestieren fahren hoch. Recht schnell ist der Strand geräumt. Nur ein Jungtier ist liegengeblieben. Es wirkt ziemlich mager.

Für junge Seehunde beginnt etwa 4 Wochen nach der Geburt eine schwere Zeit. Sie sind zwar, wenn alles gutgegangen ist, nun fett und rund und haben ein glänzendes Fell. Dennoch verlieren sie in den folgenden Wochen oft stark an Gewicht. Das kommt daher, daß sie nun entwöhnt werden. Kommt eine Verletzung hinzu, so wird die Lage noch kritischer. Von 10 neugeborenen Seehunden erreichen im allgemeinen nur 6 das nächste Lebensjahr. In solcher schwierigen Situation befindet sich offenbar unser Jungtier.

Aber die Touristen kennen kein Pardon. Ein Seehund muß schwimmen. Jetzt sind sie nur noch 5 m entfernt. Da wirft sich der Kleine ins Wasser und taucht weg. An der zurückbleibenden Spur im Sand könnten die beiden Menschen jetzt sehen, was sie angerichtet haben. Drückt sich eine Wunde mit blutigem Hof ab? Parasiten, Haare beim Fellwechsel, Blut und Eiter, Abdrücke von Narben oder Wunden, alles bildet sich klar und deutlich ab. Ja sogar das Alter der Tiere läßt sich ablesen. Jungtiere bis zum Ende des ersten Lebensjahres haben eine Spur, die nur 26 bis 31 cm breit ist. 1- bis 3jährige Tiere erzeugen Spuren mit einer Breite von 36 bis 55 cm. Bei alten Seehunden über 4 Jahren spannt sich die Spur über mehr als 55 cm.

Heuler – echt oder unecht?

Ein kleiner Seehund, von seiner Mutter verlassen, liegt allein auf einer Sandbank und stößt in regelmäßigem Abstand seinen tiefen, heulenden Ruf aus, ein dumpfes „wuuh“, das man eher einem Nebelhorn als einem Tierbaby zuschreiben würde. Wattwanderer haben ihn schon auf einige Entfernung gesichtet. Sie arbeiten sich an ihn heran, nehmen ihn auf und tragen ihn davon – überzeugt, daß dies die einzige

Rettung des Tieres ist. Richtig knuffig ist der kleine Seehund, und auffällig fett und wohlgenährt, wie es sich für ein Baby gehört. Er wird zur nächsten Seehundaufzuchtstation gebracht, dort großgezogen und später wieder freigelassen.
War das eine gute Tat? Hätten die Wattwanderer das Jungtier sich selbst überlassen, so hätte sich bald eine andere Lösung gefunden. Die eigene Mutter, vorher durch die Annäherung von Menschen vertrieben, wäre binnen kurzem zurückgekehrt. Das Rufen des Jungen ist ein unwiderstehliches Signal für sie und eine erstklassige Orientierungshilfe. Mutter und Kind wären wieder vereint. Dieser wohlgenährte kleine Seehund war ein unechter Heuler. Er war nur vorübergehend von seiner Mutter getrennt. Ihn sollte man dort lassen, wo er ist.
Demgegenüber gibt es echte Heuler, Seehundjunge, die ihre Mutter durch Unfall, Krankheit oder sonstige Umstände verloren haben. Man kann ihnen ihr Elend ansehen. Sie sind abgemagert, wirken ungepflegt und krank, haben oft schon Parasiten. Hier ist es berechtigt einzugreifen.
Nicht enden wollen die Sorgen um unsere Seehunde. Die Jagd, die auch die Bestände geschädigt hat, ist in den Niederlanden angesichts der schlimmen Bestandssituation schon 1962 eingestellt worden, in Niedersachsen und Schleswig-Holstein erst 1972 bzw. 1973. Aber die passionierten Wattenjäger drohen gern mit ihrer Flinte, wenn sie einen großen Seehundstrupp sehen. Manches Tier wird noch mit Schußverletzungen tot angespült – gewildert?
Die viel größere Sorge rührt aber aus der Verschmutzung des Wattenmeeres und der ganzen Nordsee. Schon seit vielen Jahren weiß man, daß die Seehunde in den Niederlanden von Jahr zu Jahr zurückgingen, obwohl sie aus dem deutschen Nordseeraum kräftig Zuzug erhielten. Die Fortpflanzungszahlen waren zu gering. Die Weibchen hatten Fehlgeburten oder wurden gar nicht trächtig. Eine Ursache waren offenbar die weiblichen Geschlechtshormone. Die Fehlsteuerung im Hormonbereich wurde durch PCB (polychlorierte Biphenyle) hervorgerufen, die im Abwasser der chemischen Industrie in den Rhein und dann in das Wattenmeer gelangen. Ein scheinbar unauffälliger Stoff, verwendet für Kühlmittel und einige andere Zwecke. Er reichert sich allmählich an, und in den Fischen, die die Seehunde erbeuten, ist er schon recht konzentriert. Die Seehunde selbst müssen dann als Endverbraucher im Nahrungsnetz am meisten darunter leiden.

Heuler
Junge, diesjährige Seehunde im Wattenmeer stoßen, wenn ihre Mutter sie alleingelassen hat, heulende Rufe aus, womit sie die Mutter wieder anlokken. Wegen dieser Rufe werden sie Heuler genannt.

Deiche, Öl, Giftstoffe: Das Watt droht zu sterben

Das Wattenmeer birgt, wie wir gesehen haben, eine große Vielfalt an Organismen, die auf wunderbare Weise in ihren Lebensraum eingepaßt sind. Hat der Besucher, der zum ersten Mal hierher kommt, den Eindruck, daß es außer den zahlreichen Vögeln nicht viel Lebendiges gibt, so weiß er jetzt, nach allen unseren Beobachtungen, wie reich das Watt in Wirklichkeit besiedelt ist und daß den Entdeckungs- und Erlebnismöglichkeiten von daher kaum Grenzen gesetzt sind. Die Grenzen liegen allerdings dort, wo ausgewiesene Wanderwege enden und die Ruhezonen des Nationalparks beginnen. Diese Einschränkungen müssen wir alle akzeptieren, denn die Flut eines unkontrollierten Besucherstromes bringt Störungen für die Tiere und Schäden für das gesamte Ökosystem mit sich, die wir im Interesse seines Fortbestehens so klein wie möglich halten müssen.

Von der Vielfalt der Schadeinflüsse

Der Massentourismus ist aber nur eine unter vielen negativen Einwirkungen; dazu kommen Schädigungen durch gefährliche Giftstoffe, Überdüngung, Industrieansiedlungen, militärische Übungen sowie manche Auswüchse von Schifffahrt und Fischerei, und ganze Teile werden dem Watt durch Eindeichungen entrissen. Vieles von dem ist offen ersichtlich: Wer an der Wesermündung bei Nordenham steht, der sieht hintereinander aufgereiht ein Industrieunternehmen am anderen. Die Stoffe, für die diese Firmen stehen – Schwefeldioxid, Stickoxide, Fluor, Chlor, Arsen, Antimon, Blei, Zink, Cadmium, Kupfer –, sind größtenteils unseren Sinnen schon nicht mehr zugänglich. Sie tragen bei zu der schleichenden, lautlosen Vergiftung des Meeres. Dabei ist schwer zu trennen, welche Mengen in die Nordsee als Ganzes und welche ins Wattenmeer speziell gelangen. Die Zahlenangaben für die Giftfracht, die durch Verklappung und über die Flüsse jährlich in die Nordsee fließt, gehen weit auseinander. Es summieren sich aber jährlich mindestens 9 Mio. t Schadstoffe und schadstoffhaltige Abwässer. Dazu kommen noch etwa 77 Mio. t Baggergut aus Schiffahrtstraßen und Hafenbecken. Auch dieses Material ist oft belastet.

Müllkippe Nordsee

Nach Angaben der Bundesregierung muß die „Müllkippe Nordsee" jährlich folgendes schlucken: 5 000 000 t Klärschlamm, 3 860 000 t Industrieabfälle (darunter 1 900 000 t Dünnsäure, 1 700 000 t andere flüssige Abfälle, 260 000 t Flugasche und Grubenaushub), 116 000 t Öl und 20 000 t Schiffsabfälle. Stickstoff- und Phosphorverbindungen sind mit 2 500 000 t, Schwermetalle mit 70 000 t beteiligt. Dabei müssen die Werte eher noch höher angesetzt werden. Nicht unerwähnt bleiben dürfen Chlorkohlenwasserstoffe, polychlorierte Biphenyle (PCB) und radioaktive Elemente aus der britischen Atomkraftanlage Sellafield und der französischen Wiederaufarbeitungsanlage Le Hague. Nur ein Teil all dieser todbringenden Substanzen gelangt ins Wattenmeer. Wir wissen z. B. vom Rhein, daß sich sein giftfrachtbelastetes Wasser direkt nach der Einmündung in die Nordsee ostwärts

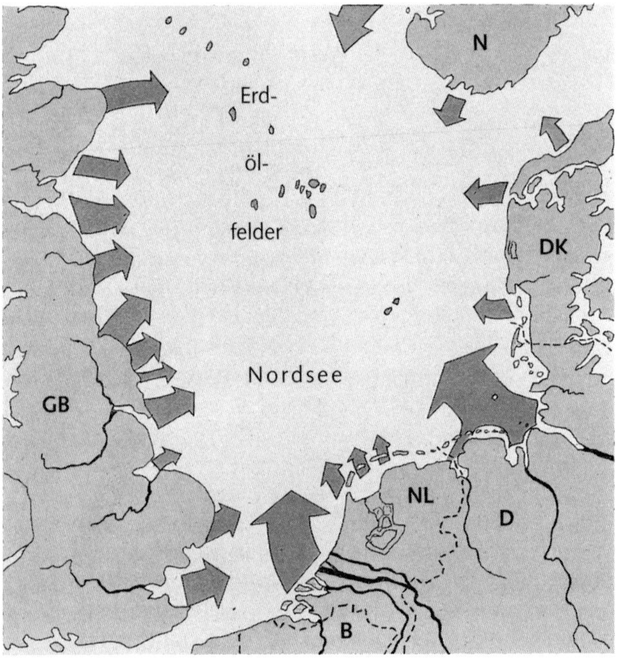

Die Verschmutzung der Nordsee ist das gemeinschaftliche Werk aller Anrainerstaaten. Dort, wo die Flüsse ins Meer münden, ergießt sich eine große Schadstoffmenge in die See und landet vielfach durch die spezifischen Strömungsverhältnisse auch im Watt.

Die Situation der Nordsee und des dazugehörigen Wattenmeeres dokumentiert sich durch nichts besser als durch das Massensterben der Seehunde im Sommer 1988: 8300 Individuen sind elendig verendet, wie hier das am Weststrand von Memmert angespülte Jungtier. Die Menge und die Zahl der verschiedenen Schadstoffe bedrohen jegliches Leben!

verteilt und auf diese Weise ein großer Teil der Schadstoffe in den Ablagerungsraum Watt getragen wird. Lassen uns diese abstrakten Zahlenangaben bereits erschaudern, so erfaßt uns um so mehr das Gruseln, wenn wir uns näher mit den Ursachen und Folgen auseinandersetzen.

Löcher ohne Sauerstoff

Professor Gerlach von der Universität Kiel fand im Jahr 1981 erstmalig sogenannte „Sauerstofflöcher“ in der Deutschen Bucht. Dabei handelt es sich um Bereiche des Tiefenwassers, in denen nur noch wenig oder kein Sauerstoff mehr nachweisbar ist. Die dazu führende „Wirkkette“ sieht folgendermaßen aus: Ein hoher Eintrag von Phosphat und Nitrat führt zu intensiver Algenvermehrung, der „Algenblüte“. Nach dem Absterben werden die Algenmassen unter starker Sauerstoffzehrung von Bakterien abgebaut. Infolge des dann eintretenden Sauerstoffmangels gehen Fische und viele andere Meerestiere zugrunde.

Allein in die Deutsche Bucht werden pro Tag etwa 930 t Stickstoff und 74 t Phosphor eingeschleust, dazu kommen noch mindestens 90 t Stickstoff aus der Luft. Ein erheblicher Teil dieses „Algendüngers“ stammt von landwirtschaftlichen Nutzflächen, aus denen er ausgewaschen und über die Fließgewässer zum Meer transportiert wird.

In den letzten 25 Jahren stieg allein der Verbrauch an Stickstoffdünger in Schleswig-Holstein von 67000 auf 175000 t an, eine Steigerung fast auf das Dreifache. In dem küstennahen Meeresbereich von 20 bis 50 km Breite, der das Wattenmeer einschließt, gehen 50% des Nährstoffgehalts auf

Was für die beiden Kinder ein Vergnügen ist, nämlich in den Schaumbergen am Flutsaum zu spielen, hat einen traurigen Hintergrund: Nitrat- und phosphathaltige Abwässer führen im Sommer zu Algenmassenvermehrungen, und Wind und Wellen schlagen die Algen dann zu Bergen aus Eiweißschnee!

„menschlichen" Einfluß zurück. Da verwundert es nicht, daß es in relativ warmen Sommern, wie z. B. 1988, immer wieder zu „Algenblüten" kommt. In diesem Jahr trat besonders die Goldalge *Chrysochromulina polylepis* hervor.
Zur starken Sauerstoffzehrung beim Abbau der abgestorbenen Pflanzen kommen noch Giftstoffe oder Toxine, die von einigen Arten produziert werden. Dauerhaft ist dem Problem nur mit einer drastischen Senkung des Zustroms von Phosphor und Stickstoff beizukommen. Das bedeutet: vor allem weniger Mineraldünger und Gülle in der Landwirtschaft. „Viel hilft viel!" hat man früher gesagt. Daß dies nicht so ist, kann man hier deutlich sehen.

Algenblüte
Massenentwicklung von Algen in Gewässern, bedingt durch hohen Nährstoffgehalt (Phosphat, Nitrat) und meist hohe Temperaturen (=Wasserblüte).

Todbringendes Quecksilber

Manche Schwermetalle befinden sich als sogenannte Spurenelemente im Körper eines jeden Organismus. In hohen Konzentrationen sind sie aber äußerst gefährlich. Ihre Wirkungsweise ist sehr verschieden, und wir wollen uns das Quecksilber als Beispiel herausgreifen. Gelangt der Stoff ins Meer, so lagert er sich in kleinsten geladenen Teilchen, den Ionen, an organischen und Tonpartikeln an. Solcherart giftbelastete Schwebstoffe werden von Organismen aufgenommen, die im freien Wasser oder am Boden leben. Durch Bakterien wird ein Teil des Quecksilbers in das besonders giftige Methyl-Quecksilber umgewandelt. Über die Nahrungsketten bzw. -netze reichert es sich in den Körpern von Pflanzen und Tieren an, wobei es z. B. auf dem Weg Muschel – Krebs – Fisch – Seehund bzw. Mensch immer höher konzentriert wird.

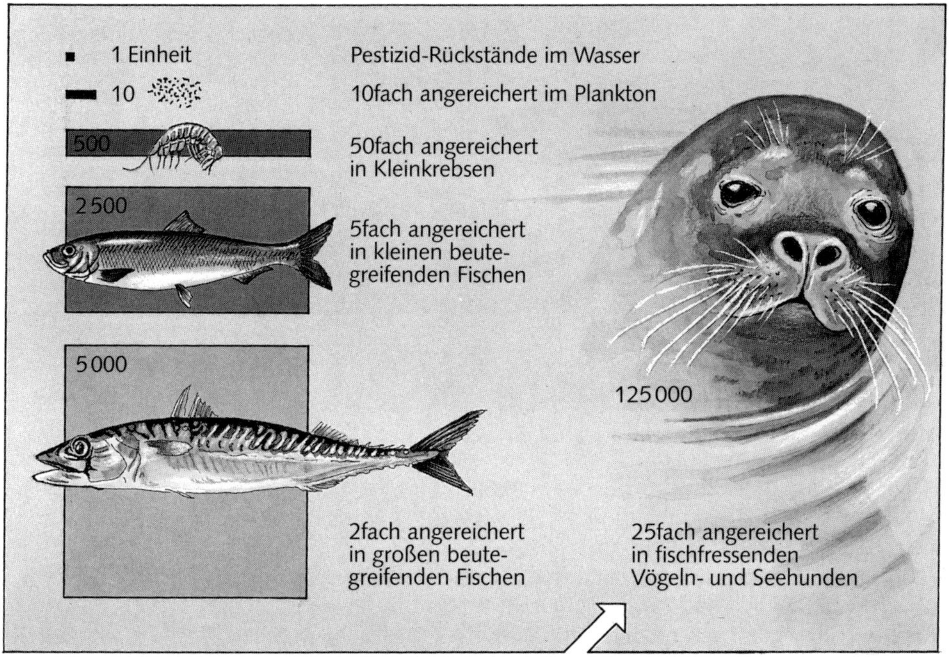

Bei vielen Pestiziden, zu denen die sogenannten Pflanzenschutz- und Schädlingsbekämpfungsmittel rechnen, handelt es sich um Chlorkohlenwasserstoffe. Diese chemischen Verbindungen sind sehr beständig und reichern sich im Verlauf von Nahrungsketten stark an. Auf ihr Konto geht der bedrohliche Rückgang vieler Tierarten!

Quecksilber und seine Verbindungen sind aber bereits in geringen Mengen giftig: Sie reagieren mit körpereigenen Substanzen von Blut, Gewebe und Zentralnervensystem und können schwere Gesundheitsschäden hervorrufen, ja sogar den Tod bewirken. Als Mitte der fünfziger Jahre in der japanischen Küstenstadt Minamata zahlreiche Menschen an einer Erkrankung des Nervensystems starben, war über Seefisch aufgenommenes Quecksilber die Ursache, das aus den Abwässern eines großen Industrieunternehmens stammte. Bei vielen Personen, die die akute Vergiftung überlebten, blieben schwere geistige Dauerschäden zurück. Quecksilber wie auch die Schwermetalle Kupfer, Chrom, Nickel, Cadmium, Zink, Zinn, Blei und Silber gelangen mit Industrieabwässern meist über die Flüsse ins Meer.

Der Weg in die Muttermilch

Chlorierte Kohlenwasserstoffe, zu denen viele der sogenannten Schädlingsbekämpfungs- und Pflanzenschutzmittel wie z. B. DDT, Aldrin, Dieldrin und Atrazin gehören, werden ebenfalls hauptsächlich über die Fließgewässer ins Meer geschwemmt. Ihre Wirkungsweise ist ähnlich wie die der

Der hier abgebildete Aal ist mit großen Geschwüren besetzt. Chlorierte Kohlenwasserstoffe, polychlorierte Biphenyle und Schwermetalle reichern sich im Verlauf von Nahrungsketten so stark an, daß sie in deren Endgliedern zu starken Schädigungen führen. Raubfische, Seehunde, große Seevögel und Menschen sind die Hauptleidtragenden! Die Symptome bei Fischen: Blumenkohl- und Himbeergeschwüre, Tumoren, Flossenfäule!

polychlorierten Biphenyle (PCB), die in der Technik vielfach Verwendung finden. Sie lagern sich wie Schwermetalle an Schwebstoffen an und später im Wattboden ab. Die meisten von ihnen sind schwer abbaubar und reichern sich über die Nahrungskette vor allem im Fettgewebe von Tieren und Menschen an. Da sie die Leber, die Milz bzw. die Nieren schädigen sowie Krebs verursachen können, haben sie unter Umständen verhängnisvolle Auswirkungen. Selbst Säuglinge werden damit schon belastet, da sie die Stoffe mit dem Fett der Muttermilch aufnehmen. Daß viele Tierarten infolge der Anreicherung dieser Stoffe an den Rand der Ausrottung gelangt sind, sollte uns als Warnung dienen! Seit den sechziger Jahren ist bei Untersuchungen immer wieder deutlich geworden, wie stark Chlorkohlenwasserstoffe Tierpopulationen dezimieren können. So sind sie z. B. für das fast völlige Verschwinden des Seeadlers an unseren Küsten verantwortlich.

PCB
Polychlorierte Biphenyle. Gruppe chemischer Verbindungen, die im industrielltechnischen Bereich vielfach Verwendung finden (Kühlmittel, Weichmacher von Kunststoffen u. a.) und sich im Verlauf von Nahrungsketten anreichern.

Der Öltod ist grausam

Von Öl ist immer nur dann die Rede, wenn es sich für den Verbraucher verteuert oder wenn ein Tankerunglück passiert ist. Daß Erdöl, bei dem es sich um ein Gemisch aus unterschiedlichen organischen Stoffen handelt, aber permanent die Nordsee belastet, ist uns meist nicht im Bewußtsein. Weniger als 1 % des Öls stammt aus natürlichen Quellen, der „Rest" ist ein Abfallprodukt menschlichen Wirkens (Ölbohrungen, Tankerunfälle, Ablassen von Altöl und Reinigen von Schiffstanks usw.). Giftig sind in erster Linie die wasserlöslichen Komponenten des Öls: die Naphthalene. Sie stecken

Diese Trottellumme (*Uria aalge*) starb den Öltod! Trottellummen sind Vögel der Hochsee und brüten an felsigen Küsten. In Deutschland gibt es nur eine einzige Kolonie: am Vogelfelsen auf der Insel Helgoland. Wenn die Tiere beim Tauchen nach Fischen in Ölteppiche geraten, sind sie verloren: ihr Gefieder verklebt. Dadurch kühlen die Vögel aus. Beim Gefiederputzen nehmen sie Öl auf und vergiften sich damit.

in Roh- und in Heizöl. Bereits 0,01 g/m^3 Erdöl im Wasser stoppt die Vermehrung einiger Algenarten, andere vermehren sich dann besonders gut. Die gleiche Menge Öl führt zu starken Schäden an Fischeiern. An einigen Küstenabschnitten der Nordsee befindet sich aber ständig die doppelte Menge Öl in jedem Kubikmeter Wasser. Öltröpfchen werden von Planktonfressern, z. B. kleinen Krebsen, aufgenommen und gelangen mit dem Nahrungswasserstrom in Mies-, Herz- und Klaffmuscheln; die Tiere erkranken oder sterben ab. Bewegen sich Seehunde auf ölverschmierten Strandabschnitten, verschmutzen ihre Bauchdecken, was schon bei kleinsten Verletzungen zur Wundvergiftung führt.

Ist dies alles eher unbekannt, so hat doch jeder schon Meldungen über Tausende von verölten Seevögeln gehört oder gelesen. Geraten Möwen, Alken oder Enten in einen Ölteppich, verklebt ihr Gefieder, so daß es seine isolierende Wirkung verliert: Kaltes Wasser dringt bis an ihre Haut, die Tiere werden unterkühlt und sterben. Bei dem unaufhörlichen Putzen ihrer verklebten Federn mit dem Schnabel nehmen sie Öl in ihren Magen-Darm-Trakt auf, das dort sowie in Leber, Nieren und Nasendrüsen schmerzhafte Entzündungen verursacht. Wer einmal verölte Vögel, die nicht mehr fliegen, schwimmen, tauchen, fressen und oft kaum noch laufen können, in ihrer Hilflosigkeit erlebt hat, erahnt die Qualen, die sie vor ihrem sicheren Tod erleiden.

Altöl ins Meer abzulassen, ist eine schlimme Form der Tierquälerei. Der Versuch, verölte Vögel zu retten, muß in der Regel scheitern. Das Reinigen mit Lösungsmitteln zerstört die Gefiederstruktur, so daß die Tiere erst nach der nächsten

Mauser freigelassen werden können. Bis dahin sind die meisten bereits an Ölvergiftung verstorben. Ob die Überlebenden sich in der Natur wieder zurechtfinden, ist fraglich.

Eindeichung heißt Vernichtung

Bei all diesen schweren Eingriffen muß es verwundern, daß das Watt immer noch ein so lebendiger Lebensraum ist. Darin dokumentiert sich die Fähigkeit dieses Ökosystems, mit äußeren Einflüssen fertig zu werden. Dem sind aber Grenzen gesetzt, die nicht überschritten werden dürfen. Sie können sowohl in der Menge der Schadeinflüsse als auch in der Dauer der Einwirkung liegen. Wir sollten das „Suchen" nach den Grenzen – ein „Spiel mit dem Feuer" – schleunigst beenden. Dabei wissen wir nicht einmal, ob es nicht schon zu spät ist. Wenn wir dem Watt allerdings durch Eindeichungen, wie z. B. in der Nordstrander Bucht, ganze Flächen entreißen, um sie mit Argumenten des Küstenschutzes einer anderweitigen Nutzung zuzuführen, dann ist damit ein nicht wiedergutzumachender Eingriff vollzogen. Fehlt die täglich zweimalige Überflutung mit all ihren Auswirkungen und wird in die abgeschnittenen Flächen noch zusätzlich Süßwasser eingeleitet, dann verwandelt sich das Watt dort schnell in eine stinkende Kloake.

Wenn wir uns mit den Schädigungen und Eingriffen abfinden, wenn uns die Hundestaupe als Erklärung für das große Seehundsterben ausreicht, und wenn wir trotz alledem immer wieder sehr gut schlafen können, was nützt dann noch ein „Nationalpark Wattenmeer"?

Nationalpark Wattenmeer – garantierter Schutz?

„Wum": Die 155-mm-Granate verläßt mit dumpfem, weittragendem Knall die Abschußrampe des Raketenwerfers. Sekunden später zerlegt sie sich in Tochtergeschosse, die sich weit draußen im offenen Watt verteilen und einschlagen. Jetzt, bei Niedrigwasser, kann man die Einschlagstellen erkennen. Schon rückt im Tiefflug ein Hubschrauber heran, damit das Ergebnis des Probeschießens festgehalten werden kann. Ist sehr viel zu tun, muß auch manchmal ein Schützenpanzer hinaus ins Watt. Natürlich ist hier kein Krieg ausgebrochen. Die Bundeswehr und Rüstungsfirmen testen neu entwickelte Geschosse. Und das im Nationalpark Wattenmeer!

Obwohl das Übungsgebiet im Frühjahr und Herbst von unzähligen durchziehenden und rastenden Watvögeln besucht wird, obwohl seit Jahrzehnten mehr als 100 000 Brandenten hier mausern und dadurch zeitweise flugunfähig sind, hat man vermieden, es der Ruhezone des Nationalparks zuzuschlagen.

Nationalpark Wattenmeer, ein lange erwartetes und nur mit Mühe auf das Papier gebrachte Konzept: Hier stößt es an eine der vielen Grenzen. Waffenerprobung, Muschelfischerei, Ausflugsfahrten, Wattenjagd, Wattwanderungen. Es gibt eine Unzahl von Nutzungsarten, durch die jeweils ein Stück aus dem Kuchen Wattenmeer herausgeschnitten wird. Ein Selbstbedienungsladen? Wenn ein paar Kurgäste sich beschweren, wird rasch ein neuer Wanderweg durch die Ruhezone gelegt. Und das Nationalparkamt gibt seine Zustimmung. Der Nationalpark Wattenmeer hat fürs erste mehr Konflikte als Lösungen für den Naturschutz mit sich gebracht.

Ein Wattenmeer – zwei Nationalparks

Inzwischen ist es beschlossene Sache: Nach jahrelangem Ringen wurden in Niedersachsen und Schleswig-Holstein weite Teile des Wattenmeers zum Nationalpark erklärt.

Damit gibt es in Deutschland jetzt 4 Nationalparks. Nach dem 1970 gegründeten Nationalpark „Bayerischer Wald" und dem 1978 eingerichteten Nationalpark „Berchtesgaden" existiert seit dem 1. Oktober 1985 der Nationalpark „Schleswig-Holsteinisches Wattenmeer" und seit dem 1. Januar 1986 der Nationalpark „Niedersächsisches Wattenmeer". Damit hat eine über die Ländergrenzen hinausreichende Naturlandschaft den nach dem bundesdeutschen Naturschutzgesetz höchstmöglichen Schutzstatus bekommen.
Beide Wattenmeerparks stehen auf sehr unterschiedlichen Füßen. In Schleswig-Holstein wurde der Status per Gesetz beschlossen, in Niedersachsen durch eine Rechtsverordnung begründet. Wesentliche Voraussetzungen für einen international einheitlichen Schutz des gesamten Wattenmeergebietes von Den Helder in den Niederlanden bis nach Esbjerg in Dänemark sind damit geschaffen. In den Niederlanden ist das Wattenmeer durch ein Gesetz geschützt, auch in Dänemark gelten umfangreiche Naturschutzbestimmungen.

Die Form mit Inhalt füllen

Durch die bundesdeutschen Regelungen des Wattenmeerschutzes sind aber noch lange nicht alle anstehenden Probleme gelöst. Die Nationalparks nach deutscher Prägung sind keine fertigen Einrichtungen, in denen von vornherein alle notwendigen Festlegungen getroffen sind. Es sind vielmehr „Ziel-Nationalparks", die zunächst nur den Titel tragen. Die äußere Form muß nach und nach mit Inhalt gefüllt werden, um einem Nationalpark nach internationalen Kriterien gerecht zu werden. Die Zukunft wird zeigen, wie ernst es mit dem Naturschutz in diesem Gebiet steht.
Zunächst einmal erstaunt es, daß zwei so eng benachbarte Gebiete jeweils einen eigenen Nationalpark haben. Was ist die Ursache? Für die Durchführung des Naturschutzgesetzes ist in der Bundesrepublik der Bundesminister für Umwelt, Naturschutz und Reaktorsicherheit verantwortlich. Aufgrund des föderativen Aufbaus unseres Staates liegen viele Entscheidungen aber primär im Verantwortungsbereich der Landesregierungen mit ihrer eigenen Gesetzgebung. Für den Wattenmeerschutz sind in erster Linie die Länder Niedersachsen, Bremen, Hamburg und Schleswig-Holstein zuständig. Schon diese Tatsache behindert die internationalen Wattenmeergespräche zwischen den Niederlanden, Deutschland und Dänemark, denn internationale Beziehungen sind wiederum Angelegenheit der Bundesregierung.

Jedes Jahr werden von September bis zum Januar im Nationalpark Wattenmeer Vögel geschossen. Bei der „Pooljagd" ist der Wattenjäger in einem Faß versteckt und wartet darauf, daß angepflockte und flugunfähige Lockenten ihre Artgenossen vor die Flinte locken. Für den Lebensunterhalt des Menschen spielt diese Art der Jagd keine Rolle.

Das Wattenmeer ist nicht ersetzbar! Jegliche Beschneidung bedeutet unwiederbringlichen Verlust. Am 25. Juli 1987 wurde mit Spielmannszug und Blaskapelle der Deichschluß in der Nordstrander Bucht „gefeiert". Zwei Monate später lag der Gestank von verwesendem Muschelfleisch über der Fläche. Großflächig starb das gesamte Bodenleben ab. Auch noch so gut gemeintes Schaffen von Ausgleichsflächen kann den einmaligen Lebensraum Wattenmeer nicht ersetzen.

Seevogelbrutgebiet – Betreten nicht gestattet! Deutlich ist diese Mahnung für jedermann sichtbar. Und trotzdem finden massive Eingriffe wie diese immer wieder in Naturschutzgebieten und im Nationalpark statt. Naturlandschaften werden zu Großbaustellen, Wattflächen zu Freizeitgeländen degradiert.

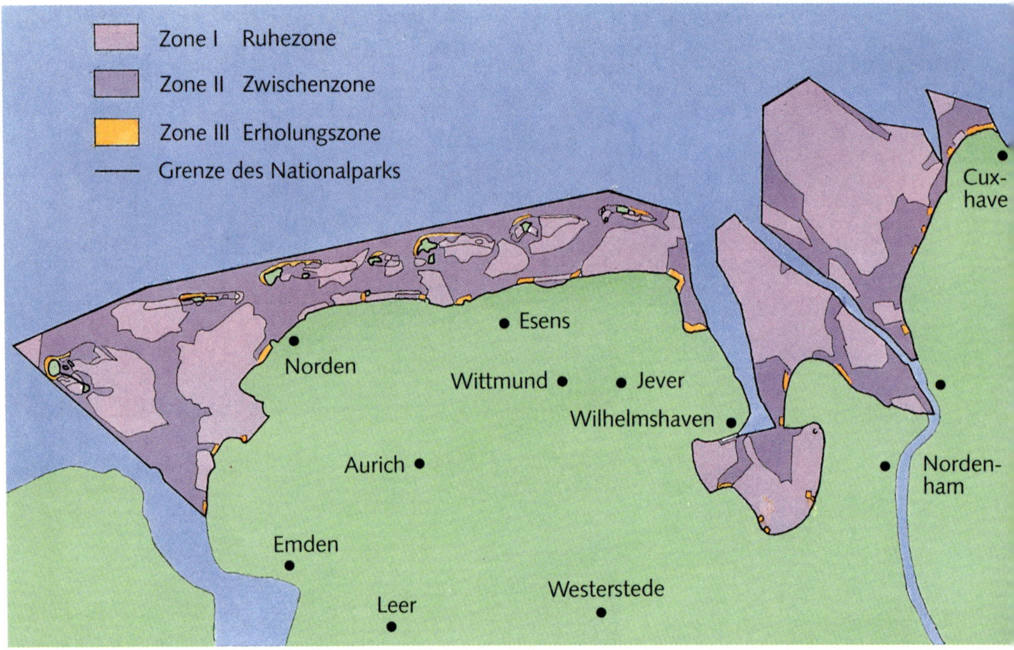

Gefragt: Koordination und Kooperation

Während der Planung der beiden Nationalparks schien es völlig ausgeschlossen, daß sich beide Bundesländer an einen Tisch setzten, um Pläne zu erarbeiten, die ein Mindestmaß an Übereinstimmung boten. Es sah mehr nach Wettbewerb und Konkurrenz denn nach einer Zusammenarbeit aus. Doch inzwischen hat sich die Lage beruhigt. Nachdem beide Nationalparks eingerichtet sind, setzt man sich jetzt zusammen, um Abstimmungen auszuloten. Solche Gespräche sind dringend notwendig, erweisen sich aber aufgrund der unterschiedlichen Bestimmungen als schwierig. Dennoch ist aus internationaler Sicht die Schaffung dieser beiden Nationalparks ein bedeutsamer Schritt nach vorne, dies besonders im Hinblick auf einen entsprechenden Verwaltungsstatus. Die Einrichtung des Internationalen Wattenmeersekretariats mit Sitz in Wilhelmshaven kann wesentlich zu einer Koordination beitragen.

Die historische Entwicklung

In Schleswig-Holstein hat der Nationalparkgedanke eine lange Geschichte. Schon 1967 setzte sich der Landesjagd-

Der Nationalpark Niedersächsisches Wattenmeer ist ungefähr 240 000 ha groß. 3 Zonen mit unterschiedlichen Schutzsystemen sind festgelegt worden. Für jede gelten eigene Regeln. Leider sind in der Ruhezone immer noch vielfältige Nutzungen zugelassen. Oberstes Ziel sollte es sein, diese Ruhezone zu einem Vorranggebiet für die dort lebenden Pflanzen und Tiere – und Landschaftsteile – zu machen. Nähere Informationen zum Nationalpark sind bei den Nationalparkämtern (Adressen auf Seite 126) erhältlich.

verband für die Schaffung einer solchen Institution im Nordfriesischen Wattenmeer ein. 1972 legte Prof. Wolfgang Erz, derzeitiger Direktor des Institutes für Naturschutz und Tierökologie an der Bundesforschungsanstalt für Naturschutz und Landschaftsökologie in Bonn, mit seinem Buch „Nationalpark Wattenmeer" den Grundstein für eine später vieldiskutierte Idee. Sie wurde im selben Jahr der Öffentlichkeit zum Deutschen Naturschutztag in Husum vorgestellt. Ein Jahr später wurde von Schleswig-Holsteins oberster Landschaftspflegebehörde ein Referentenentwurf für einen Nationalpark im Nordfriesischen Wattenmeer vorgelegt. Eine kontrovers geführte Diskussion veranlaßte das Landeskabinett dazu, die Idee unter dem Druck der Küstenbevölkerung wieder fallenzulassen. Während Naturschutzvertreter ihre Anliegen mehr und mehr dahinschwinden sahen, befürchteten die Küstenbewohner eine drastische Beschneidung ihrer Interessen und eine zu starke Einflußnahme von Bund und Land. In den folgenden Jahren erfolgten großflächige Verluste wertvollster Teile des Wattenmeeres. Die Großeindeichungen der Nordstrander Bucht und der Salzwiesen vor Rodenäs an der deutsch-dänischen Grenze führten zu erneuten nachdrücklichen Auseinandersetzungen und Diskussionen. Erst nach diesen Großprojekten wurde die Idee des Nationalparks 1982 wieder aufgegriffen. Ende 1984 lag ein Referentenentwurf der Landesregierung vor. Er löste ein geteiltes Echo bei den Naturschutzverbänden und der Bevölkerung aus. Am 1. Oktober 1985 wurde dann nach fast 15jährigem Ringen in Schleswig-Holstein der Nationalpark eingerichtet. Am 1. Januar 1986 folgte Niedersachsen.

Was ist ein Nationalpark?

Die Nationalpark-Idee ist mehr als 100 Jahre alt. Sie wurde in den Vereinigten Staaten von Amerika ins Leben gerufen, wo der erste Nationalpark im Yellowstone-Gebiet in den Rocky Mountains entstand. Die Zielsetzung bestand darin, die ursprüngliche und vom Menschen noch unberührte Natur zu erhalten. Dies beinhaltet auch ein absolutes Verbot für Jagd, Bergbau, Forstwirtschaft und andere menschliche Eingriffe aller Art.

Die Voraussetzungen für einen Nationalpark sind in Deutschland im Bundesnaturschutzgesetz (§ 14 Abs. 1) festgelegt. Nationalparks sind „rechtsverbindlich festgesetzte, einheitlich zu schützende Gebiete die

– großräumig und von besonderer Eigenart sind,

- im überwiegenden Teil ihres Gebietes die Voraussetzungen eines Naturschutzgebietes erfüllen,
- sich in einem vom Menschen nicht oder wenig beeinflußten Zustand befinden und
- vornehmlich der Erhaltung eines möglichst artenreichen heimischen Pflanzen- und Tierbestandes dienen."

Eine international gültige inhaltliche Definition von Nationalparks geht auf eine Festlegung von Neu-Delhi zurück. Sie wird beständig von der Internationalen Naturschutz-Union (IUCN) weiterentwickelt. In einem Nationalpark sollte den Zielen des Natur- und Landschaftsschutzes daher vor allen anderen Planungen und Maßnahmen erste Priorität eingeräumt werden.

Der Nationalpark in Schleswig-Holstein

Das Nationalparkgebiet erstreckt sich von der dänischen Grenze bis zur Elbmündung. Mit einem Abstand von 150 m zu den Deichen, Geesthängen, Dünen, Inseln und Halligen wird dem Wunsch eines großen Bevölkerungskreises entsprochen, diesen Teil auszuklammern. Das Gesamtgebiet ist in 3 Zonen aufgeteilt.

Die Zone 1 umfaßt mit rund 30 % der Gesamtfläche die wertvollsten und empfindlichsten Bereiche. Sie soll weitgehend nutzungsfrei bleiben. Die Seehundbänke, die Brutkolonien bedrohter Seevögel, die Massenmauserplätze durchziehender Vogelarten, die wichtigsten Nahrungsplätze der Watvögel und geomorphologisch bedeutsame Bereiche mit nahezu natürlicher Oberflächenstruktur sind darin eingeschlossen. Der Küstenschutz hat als Schutz der dort lebenden Menschen selbstverständlich Vorrang. Die Küstenschutzmaßnahmen werden daher durch das Nationalparkgesetz nicht eingeschränkt. Da die meisten Salzwiesen des Vorlandes und der Halligen in Zone 2 liegen, kann die Beweidung weiterhin stattfinden. Die Jagd auf Wasservögel ist nur in den Zonen 2 und 3 zugelassen. Die Fischerei ist mit den bisherigen Fangtechniken und im bisherigen Umfang erlaubt.

Die Zone 2 bildet eine Pufferzone und umfaßt die Salzwiesenbereiche, soweit sie nicht in Zone 1 gelegen sind. „Naturverträgliche" Nutzungen wie Fischerei und Beweidung und die Ausübung der Jagd sind erlaubt.

Alle übrigen Flächen gehören in die Zone 3. In dieser Zone ist z. B. die Erdölförderung im Gebiet der Mittelplate und des Hackensandes bei Trischen genehmigt. Ebenfalls die Sand- und Kiesgewinnung, also die Nutzung der Bodenschätze. Die

Abgrenzung der Zonen 2 und 3 soll in Verordnungen geregelt werden.
Das Landesamt für den Nationalpark Schleswig-Holsteinisches Wattenmeer als Landesoberbehörde hat seinen Sitz in Tönning. Es ist für die Einhaltung des Gesetzes und der erlassenen Verordnungen zuständig. Es hat nach pflichtgemäßem Ermessen die zur Durchführung und Einhaltung der Vorschriften notwendigen Maßnahmen zu treffen.

Der Nationalpark in Niedersachsen

Der Nationalpark umfaßt den größten Teil des niedersächsischen Wattenmeeres, Teile der Ostfriesischen Inseln und die Deichvorländereien. Die landseitige Grenze begleitet die Deichlinie. Die bebauten Gebiete der Inseln, die Hafenbereiche und Fahrwässer sowie die Flughäfen sind nicht mit einbezogen. Das gleiche gilt für den deutschen Teil des Dollarts, die Leybucht und das Hohe-Weg-Watt bei Wilhelmshaven. Wichtige Wattenmeerbereiche wurden hier aufgrund wirtschaftlicher und anderer Interessen nicht in die Nationalparkfläche eingegliedert. Das Schutzkonzept beinhaltet für die Fläche 3 Zonen, die als Ruhe-, Zwischen- und Erholungszone definiert sind. Bestimmte tradierte Nutzungsarten bleiben erlaubt.
Die Ruhezone umfaßt 54 % der Nationalparkfläche. Diese Zone genießt den strengsten Schutz. Alle diejenigen Handlungen sind verboten, die durch die Verordnung nicht ausdrücklich erlaubt sind. Die ordnungsgemäße Landwirtschaft ist innerhalb der durch Sommerdeiche geschützten Flächen zulässig. Lediglich das Umbrechen der Flächen ist untersagt.

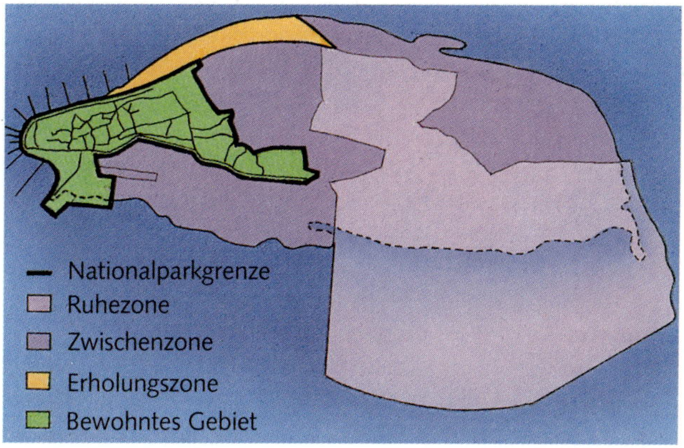

Für jede der Ostfriesischen Inseln gibt es Gebietskarten, auf denen detailliert die Zonen des Nationalparks eingezeichnet sind. Wir haben die Insel Baltrum herausgegriffen. Auf den öffentlich erhältlichen Faltkarten sind wichtige Informationen für den Tourismus zusammengestellt. Auch die blauen Flächen um die Inseln herum gehören zur Zwischenzone.

Vordeichbereiche dürfen im bisherigen Ausmaß bewirtschaftet werden. Die Wattenjagd auf Watvögel ist in dieser Zone verboten. Gleiches gilt für die Jagd auf Enten und Gänse. Ausnahmen können für einen Zeitraum von 10 Tagen gewährt werden. Die gewerbliche Fischerei in der Ruhezone bleibt in bestimmten Bereichen erlaubt.
Die Zwischenzone umfaßt 45 % der Fläche, sie ist gegenüber der Ruhezone weniger streng geschützt. Alle diejenigen Handlungen sind verboten, die den Charakter des Wattenmeeres verändern. Es klingt banal, aber es ist z. B. untersagt, die Landschaft zu verunreinigen, Abfälle über Bord zu werfen und Hunde frei laufen zu lassen. Brutgebiete der Vögel dürfen mit Ausnahme gekennzeichneter Wege in der Brutzeit nicht betreten werden.
Die Erholungszone hat eine Ausdehnung von nur 1 %. Sie soll als Badestrand und Kultureinrichtung genutzt werden. Um die Erholung zu sichern, ist es verboten, Motorfahrzeuge zu betreiben.
Die Verwaltung des Nationalparks wird von der Bezirksregierung Weser-Ems durch den Sonderbeauftragten für den Nationalpark wahrgenommen. Die Behörde hat ihren Sitz in Wilhelmshaven. Sie ist zuständig für das Management, die Forschungskoordination, die Wegeplanung und die Öffentlichkeitsarbeit. Die Nationalparkverwaltung hat zur Zeit 10 Mitarbeiter.

Defizite – Perspektiven

Das Nationalparkgesetz bzw. die Verordnungen müssen in wesentlichen Teilen mit naturschutzwirksamen Inhalten gefüllt werden, um den Anforderungen der Internationalen Naturschutz-Union (IUCN) gerecht zu werden. Viele Fragen hinsichtlich einer Ausgestaltung bestehen auch heute noch, rund 2 Jahre nach dem Einrichten der beiden Nationalparks. Im Sommer 1988 überreichten Naturschutzverbände dem niedersächsischen Umweltminister neben einer Nationalpark-Bilanz auch eine Geburtstagstorte. „Ein Marzipan-Nationalpark, geschmückt mit Jäger, Bohrturm, Bagger, Schaf, Segelboot sowie Strandkorb und Tiefflieger. Greift sich jeder ein schmackhaftes Stück seiner Wahl, so wird der Nationalpark sichtbar verspeist, sozusagen verschluckt von Einzelinteressen: ein Selbstbedienungsladen für jedermann. Für Pflanzen und Tiere bleibt dann nicht mehr viel übrig – nur das Nationalparksymbol." So der Bericht der Naturschutzverbände.

Salzwiesen sind durch Entwässerung und Beweidung gefährdet. Durch das enge Netz eines Entwässerungssystems aus Grüppen (Gräben) ist die natürliche Bildung kleiner Salzwasserpfützen und Schlenken nicht mehr möglich. Die Wiesen werden uniformiert. Dazu tragen auch die Schafe und Rinder bei. Die Folge: Die Mehrzahl der Salzwiesenpflanzen und die darauf spezialisierten Tierarten sterben aus.

Viele negative Entwicklungen stehen den wenigen positiven Errungenschaften gegenüber. So ist es nicht mit den Zielen eines Nationalparks zu vereinbaren, daß Wege in der Ruhezone gebaut und Brutgebiete abgezäunt werden, die Muschelfischerei teilweise intensiviert und in der Ruhezone des Niedersächsischen Nationalparks gejagt wird. Es ist verwunderlich, daß die zentrale Informations- und Bildungsarbeit von den Behörden vernachlässigt und die Zusammenarbeit mit Naturschutzverbänden auf ein Minimum reduziert wird. Selbst nach zweieinhalb Jahren fehlt der erforderliche Rahmenplan als Grundlage für Schutz-, Pflege- und Entwicklungsmaßnahmen.

Aus all diesen Gründen ist es zwingend notwendig, daß eine eigenständige Verwaltung dem zuständigen Minister unterstellt wird; sie sollte nicht, wie in Niedersachsen, in einer Mittelinstanz, der Bezirksregierung, angesiedelt sein. Eine Nationalparkplanung mit klar formulierten Zielen muß unverzüglich erarbeitet werden:

- Die Kernzone ist mittelfristig in eine Ruhezone ohne jegliche menschliche Eingriffe umzuwandeln.
- Die Informations- und Bildungsarbeit muß auf eine fundierte fachliche Grundlage gestellt werden.
- Den Belangen des Naturschutzes ist ausreichend Platz einzuräumen.
- Ein Nationalpark-Beirat mit Naturschutzvertretern ist einzuberufen.

Geschieht dies nicht, dann sind die Weichen in Richtung eines Natur-Nutzparks und nicht in Richtung eines Nationalparks gestellt.

Anschriften

Naturschutzverbände

Bund für Umwelt und Naturschutz Deutschland (BUND)
Im Rheingarten 7
5300 Bonn 3

Deutscher Bund für Vogelschutz (DBV)
Am Hofgarten 4
5300 Bonn 1

Deutscher Naturschutzring (DNR)
Postfach 320210
Kalkuhlstraße 24
5300 Bonn-Oberkassel

Greenpeace Deutschland
Hohe Brücke 1
2000 Hamburg 11

Institut für Vogelforschung
Vogelwarte Helgoland
Hauptsitz:
An der Vogelwarte 21
2940 Wilhelmshaven-Rüstersiel
Inselstation: Postfach 1220
2192 Helgoland

Naturschutzgesellschaft
Schutzstation Wattenmeer
Königstraße 11
2370 Rendsburg

Schutzgemeinschaft
Deutsche Nordseeküste
Postfach 380
2960 Aurich

Verein Jordsand zum Schutz der Seevögel und der Natur
Haus der Natur
Wulfsdorf
2070 Ahrensburg

WWF Deutschlanld
Sophienstraße 44
6000 Frankfurt 90

WWF Wattenmeerstelle
Niedersachsen und Bremen
Ökologiestation
Am Güthpol 9
2820 Bremen 70

WWF Wattenmeerstelle
Schleswig-Holstein
Norderstraße 22
2250 Husum

Nationalparkämter

Landesamt für den Nationalpark Schleswig-Holsteinisches Wattenmeer
Am Hafen 40 a
2253 Tönning

Nationalpark
Niedersächsisches Wattenmeer
Virchowstraße 1
2940 Wilhelmshaven

Seehundaufzuchtstationen

Seehund-Aufzuchtstation Büsum
Holstenstraße 15
2242 Büsum

Seehund-Aufzucht- und -Forschungsstation
Norden-Norddeich
Dörper Weg
2980 Norden 2

Bildnachweis

Die Zeichnungen fertigte Fred Butzke, Balge, nach Vorlagen der Verfasser.
Bergmann, H.-H., Osnabrück: Abb. Seite 10, 17 (unten), 21, 30, 39, 43, 44, 45, 69, 77 (unten), 83 (oben), 86, 87, 89 (oben), 95, 105, 112, 115.
Klaus, S., Jena: Abb. Seite 89 (unten).
Koch, L., Spiekeroog: Abb. Seite 78.
Künne, H.-J., Osnabrück: Abb. Seite 17 (oben), 24 (alle), 38, 48, 83 (unten).
Prokosch, P., Husum: Abb. Seite 71, 119 (Mitte).
Stock, M., Osnabrück: Abb. Seite 27, 28, 33, 34, 35, 41, 50, 51, 55, 59, 61, 63, 67, 68, 74, 75, 77 (oben), 91 (oben, Mitte), 94, 97, 98, 99, 101, 114.
Voß, E., Emden: Abb. Seite 103, 111, 119 (oben, unten), 125.
Zucchi, H., Osnabrück: Abb. Seite 12, 17 (Mitte), 91 (unten).

Literatur

Abrahamse, J., Joenje, W., Leeuwen-Seelt, N.v. (Hrsg.): Wattenmeer. Wacholtz Verlag, Neumünster 1976.
Bergmann, H.-H.: Die Biologie des Vogels. Aula Verlag, Wiesbaden 1987.
Dietrich, W. (Hrsg.): Meer. Unterricht Biologie, 43, Seelze 1980.
Eichholtz, G., Hinrichs, K.: Spurensicherung im Watt. Unterricht Biologie, 136, 25–32, Seelze 1988.
Erz, W.: Nationalpark Wattenmeer. Verlag Paul Parey, Hamburg, Berlin 1973.
Gerhardt, A., Dircksen, R. (Hrsg.): Biologieunterricht im Freiland – Das Wattenmeer. Naturw. im Unterricht – Biologie, 5, Köln 1982.
Gessner, F.: Meer und Strand. VEB Deutscher Verlag der Wissenschaften, Berlin 1957.
Heers, K. E., Behrends, G.: Der Seehund im Wattenmeer. WWF-Umweltinformation, Worpswede 1984.
Grimm, H. (Hrsg.): Wattenmeer. Unterricht Biologie, 136, Seelze 1988.
Heydemann, B.: Ökologie und Schutz des Wattenmeeres. Angewandte Wissenschaft, Heft 255, Landwirtschaftsverlag, Münster-Hiltrup 1981.
Janssen, H.-J.: Die Gefährdung des Wattenmeers. BUND-Information, Freiburg 1983.
Janus, H.: Das Watt. Kosmos Bibliothek, Bd. 281, Franckh'sche Verlagshandlung, Stuttgart 1974.
Kempf, N., Lamp, J., Prokosch, P. (Hrsg.): Salzwiesen: Geformt von Küstenschutz, Landwirtschaft und Natur. WWF-Tagungsberichte, WWF Deutschland 1987.
Kock, K.: Das Watt – Lebensraum auf den zweiten Blick. BUND Schleswig Holstein, Kiel 1983.
Meyer, H. U.: Schulbiologische Untersuchungen im Wattenmeer. Verlag Schmidt & Clausing, IPTS Kiel, Kiel 1985.
Prokosch, P.: Ringelgänse im Wattenmeer. WWF-Information, Reutlingen 1985.
Rat von Sachverständigen für Umweltfragen: Umweltprobleme der Nordsee. Sondergutachten. Kohlhammer Verlag, Stuttgart/Mainz 1980.
Reineck, H. E.: Das Watt – Ablagerungs- und Lebensraum. Verlag W. Kramer, Frankfurt/M. 1978.
Reineking, B., Vauk, G.: Seevögel – Opfer der Ölpest. Niederelbe-Verlag, Ottersdorf 1982.
Tait, R.W.: Meeresökologie. Thieme Verlag, Stuttgart 1971.
Thies, M.: Biologie des Wattenmeeres. Praxis Schriftenreihe Biologie, Bd. 32, Aulis Verlag, Deubner, Köln 1985.
Wolf, W.J. (Hrsg.): Ecology of the Wadden Sea. Bd. I-III. A. A. Balkema, Rotterdam 1983.

Bestimmungsbücher (Auswahl)

Aichele, D.: Was blüht denn da? Franckh'sche Verlagshandlung, Stuttgart 1986.
Aichele, D., u. a.: Unsere Gräser. Franckh'sche Verlagshandlung, Stuttgart 1986.
Bergmann, H.-H., Helb, H.-W.: Stimmen der Vögel Europas. BLV, München 1982.
Bezzel, E.: Vögel, Bd. 3: Taucher, Entenvögel, Reiher, Watvögel, Möwen u. a. BLV, München 1985.
Brohmer, P.: Fauna von Deutschland. Quelle und Meyer, Heidelberg 1988.
Brown, R., Ferguson, J., Lawrence, M., Lees, D.: Federn, Spuren und Zeichen der Vögel Europas. Gerstenberg, Hildesheim 1988.
Campbell, A. C.: Der Kosmos-Strandführer. Franckh'sche Verlagshandlung, Stuttgart 1977.
Düll, R., Kutzelnigg, H.: Neues botanisch-ökologisches Exkursionstaschenbuch. IDH-Verlag, Rheurdt 1986.
Entrop, B.: Muscheln und Schnecken an Deutschlands Küsten. Franckh'sche Verlagshandlung, Stuttgart 1977.
Fitter, R., Fitter, A., Blamey, M.: Pareys Blumenbuch. Verlag Paul Parey, Hamburg/Berlin 1986.
Heinzel, H., Fitter, R., Parslow, J.: Pareys Vogelbuch. Verlag Paul Parey, Hamburg/Berlin 1983.
Janke, K., Kremer, B. P.: Düne, Strand und Wattenmeer. Tiere und Pflanzen unserer Küsten. Franckh'sche Verlagshandlung, Stuttgart 1988.
Kornmann, P., Sahling, P.-H.: Meeresalgen von Helgoland. Helgoländer Wissenschaftliche Meeresuntersuchungen, Bd. 29, Hamburg 1977.
Mertens, R.: Kriechtiere und Lurche. Franckh'sche Verlagshandlung, Stuttgart 1975.
Müller, H.: Fische Europas. Neumann Verlag, Leipzig/Radebeul 1983.
Muus, B. J., Dahlström, P.: Meeresfische. BLV, München 1968.
Oliver, P.: Der Kosmos-Muschelführer. Franckh'sche Verlagshandlung Stuttgart.
Schauer, T., Caspari, C.: BLV-Pflanzenführer in Farbe. BLV, München 1984.
Schmeil, O., Fitschen, J.: Flora von Deutschland. Quelle und Meyer, Heidelberg 1987.
Stresemann, E.: Exkursionfauna Wirbellose I. VEB Volk und Wissen, Berlin 1976.
Swallow, S.: Die Meeresküste. Otto Maier Verlag, Ravensburg 1978. (Für Kinder)

Register

Seitenzahlen mit Sternchen * verweisen auf Abbildungen.

Aal 116*
Aalmutter 50f.
Abguß 44
Alpenstrandläufer 35, 38*
Andelgras 64, 66
Angespül 96
Ausrüstung 10f.
Austernfischer 17*, 31, 35ff., 42*, 81

Bäumchenröhrenwurm 32f.
Binsenquecke 90
Blasentang 97
Borstenwurm 31ff.
Bottenbinse 64
Brandente 43, 88f., 89*
Byssus 60

Düne 20f., 90ff., 91*, 92*, 95*

Ebbe 13ff.
Eiderente 43*, 61
Einsiedlerkrebs 61*, 99
Eiszeit 19

Filtrierleistung 60
Fische 49ff.
Flußseeschwalbe 83*
Flut 13ff.

Garnele 48f.
Gelbe Wiesenameise 78ff., 79*
Giftstoffe 109ff.
Großbrachvogel 35

Halligfliederrüßler 76ff.
Halophyten 66
Heringsmöwe 86
Herzmuscheln 55ff.
Heuler 108

Inseln 22

Keulenschrecke 91
Kiebitzregenpfeifer 35*
Kieselalgen 25f., 26*
Knutt 35, 40ff., 41*
Kompaßqualle 98*
Kotpillenwurm 32
Kreuzkröte 95
Kurzflügelkäfer 74ff., 75*
Küstenseeschwalbe 43f., 82

Lachmöwe 35ff.
Leierfisch 51f.
Litoralsystem 12

Meereseinbruch 22f.
Meeresspiegel 19f.
Meersalat 97
Meerstrandwegerich 64, 71, 77*
Miesmuschel 58ff., 59*
Moore 21
Muscheln 53ff., 54*

Nagelrochen 101
Nationalpark 117ff., 120*, 123*
Nesseltiere 46f., 47*
Nipptiden 14
Nordseegarnele 48f.

Öl 115

PCB 114
Pfeffermuschel 62
Pfuhlschnepfe 35
Pierwurm 29ff.
Plattmuschel 33
Portulak-Keilmelde 10*, 66
Priel 10*, 45ff.
Primärdüne 95
Pygospiowurm 32

Qualle 98
Quecksilber 112f., 113*
Queller 2*, 65f., 68*

Ringelgans 70ff., 71*
Rippelmarke 15, 30, 44*
Rochen 100f.
Rotschenkel 82f., 83*
Rotschwingel 67

Säbelschnäbler 24*
Salz 68ff.
Salzmiere 90
Salzwiese 2*, 21*, 63ff., 64*, 73*, 125*
Salzwiesenkäfer 76
Sanddorn 94
Sandgrundel 51
Sandklaffmuschel 54f., 55*
Sandlaufkäfer 94
Sandregenpfeifer 38, 82f.
Sauerstoff 30
Sauerstofflöcher 111
Schlickkrebs 28*
Scholle 50, 52*
Schutz 117ff.
Schwermetalle 112f.
Sedimente 16, 46
Seedahlie 47
Seegras 34*, 70
Seehund 102ff., 103*, 105*, 106*, 111*
Seepocken 48*
Seeregenpfeifer 38f.
Seeringelwurm 32f., 33*
Silbermöwe 35ff., 85ff., 86*, 103
Speiballen 87*
Springtiden 14
Spur 17*, 25ff., 44
Stachelhäuter 100
Störungen 84f., 106ff.
Strandaster 67
Stranddreizack 72
Strandflieder 63*, 69*, 71
Strandgrasnelke 67*
Strandhafer 92
Strandroggen 93
Strandschnecke 26, 48*
Strandsegge 91f., 94*
Strandwall 20f.
Sturmflut 22

Tang 97
Tausendgüldenkraut 63, 67*
Tiden 13ff.
Trampelwanne 39*
Trottellumme 115*

Vergiftung 102, 109ff.

Watt 11ff.
Wattenmeer 9*, 11ff., 23f.
Wattschnecke 26f., 27*
Wattwanderung 9ff., 12*
Wattwurm 17*, 29ff.
Wellhornschnecke 99
Wildkaninchen 94
Wollhandkrabben 46

Zonierung 11*, 18, 65